Jasy

# Ute Tietje

# INDIAN COOKING

## INDIANISCHE KÜCHE DES SÜDWESTENS UND DER PLAINS

**BUFFALO VERLAG**

Ute Tietje

Indian Cooking
- Indianische Küche des Südwestens und der Plains

ISBN  978-3-98091-411-6

© Buffalo Verlag, Verden/Aller

1. Auflage 2004
2. Auflage 2006
3. Auflage 2007
4. Auflage 2008

Titelfoto: Ute Tietje
Cover Layout: Nils Heise
Lektorat: Friederike Fritz
Fotos: Ute Tietje
Foto S. 11: National Anthropological Archives, Washington
Foto S. 99: Arizona Tourism Office

Druck und Bindung: Advantage Printpool, Gilching

# INHALTSVERZEICHNIS

# VORWORT

Sowohl in den Plains als auch in den Gebieten des Südwestens der USA haben die ursprüngliche indianische Lebensweise – sesshaft oder nomadisierend – sowie die Vegetationszonen und die umfangreichen historischen Einflüsse die Küche der Stämme im Lauf der Zeit geprägt. Trotz der leidvollen Vertreibungsgeschichte der einzelnen Indianerstämme bei der Eroberung ihres Lebensraums durch europäische Siedler haben die überlebenden Stämme ihre Kultur nicht nur teilweise bewahrt, sondern pflegen sie heute wieder mit angemessener Würde und Stolz. Zur indianischen Kultur gehören die traditionellen Gerichte ihrer Vorfahren, auch wenn viele Zutaten heute im Supermarkt gekauft und auf eine modernere, weniger zeitaufwändige Weise zubereitet werden. Die Zubereitung einiger Gerichte war und ist teilweise stammesübergreifend. Durch Vermischung der Stämme untereinander, hervorgerufen durch das enge Zusammenleben in den letzten hundert Jahren, lässt sich in einigen Fällen nicht mehr eindeutig bestimmen, welchem ursprünglichen Stamm das jeweilige Gericht zuzuordnen ist. So sind auch einige Rezepte eher südöstlichen Ursprungs. Die Ernährung der Indianer war wesentlich abwechslungsreicher, als man vermuten würde, auch wenn der Speisezettel von den Jahreszeiten bestimmt wurde. Selbst in der „Küche" der Jägerstämme finden sich erstaunlich viele vegetarische Gerichte auf der Speisekarte. Sowohl die Nomadenstämme, als auch die sesshaften Indianer verstanden es, fast jede Art von Lebensmitteln haltbar zu machen, ob es sich nun um Fleisch, Gemüse, Pilze oder Früchte handelte. Früher wurden nur wenige Würzmittel verwendet, darunter Salz, Chilischoten und Holzasche. Auffällig ist die große Zahl an Eintöpfen und Suppen, was daraus resultiert, dass in der Regel nur „ein Topf" über die Feuerstelle passte, bzw. nur einer vorhanden war. In ihm köchelte meist den ganzen Tag über ein Eintopf vor sich hin, um jedem, der kam, etwas anbieten zu können. Zu den Gerichten wurde überwiegend Brot bzw. Fladen als Beilage gereicht. Die Zubereitung der Mahlzeiten nach den schlichten Erklärungen indianischer Hausfrauen ist einfach und phantasievoll. Wie in früheren Zeiten, in denen nicht immer alles vorrätig war, werden auch heute bestimmte Zutaten gerne ausgetauscht. So bei den Nüssen, aber auch bei den verschiedenen Mehlsorten, Fleisch- und Fischgerichten. Insbesondere bei den Wildrezepten wird häufiger auch Fleisch domestizierter Tiere verwendet, da heute nicht mehr alle Stämme über ein Gebiet verfügen, auf dem jagdbares Wild zu finden ist.

# HISTORISCHER HINTERGRUND

Äußere Umstände führten mehrfach einen Wandel in der Lebensweise vieler Indianerstämme herbei. Der geschichtliche Ablauf der Eroberung der Plains und des Südwestens durch die europäischen Eindringlinge kann im Rahmen dieses Buches nur in einem groben, auf Einzelheiten verzichtenden Kurzabriss geschildert werden. Ebenso bleiben auch die kriegerischen Aktivitäten der Stämme untereinander unberücksichtigt.

Um 1500 wanderten die kriegerischen Navajo und Apachen aus Kanada kommend in die Gebiete der Pueblo-Stämme ein. 1541 betraten mit der spanischen Expedition von Don Franzisco Vásquez de Coronado erstmals Europäer auf der Suche nach Gold das Gebiet der Plains, nachdem sie bereits vergeblich die Region der Pueblo-Stämme, der fortschrittlichsten Zivilisation im Südwesten, nach den sagenhaften Goldstädten durchforstet hatten. Auf den Plains mussten Coronado und seine Begleiter die Hoffnung auf unermessliches Gold endgültig begraben. Sie fanden nur Indianer in Erdhäusern und eine schier unendliche Steppe. Enttäuscht zogen sich die Spanier nach Mexiko zurück.

Unter Juan de Oñate kehrten die Spanier 1598 jedoch zurück und sicher-ten der spanischen Krone New Mexico, deren Hauptstadt ab 1610 Santa Fe hieß. Die Missionsstationen entwickelten sich bald zu großen Vieh- und Pferdezuchtbetrieben. Mit Hilfe des Militärs unterdrückten und versklavten die Missionare die Ureinwohner und untersagten ihnen die Ausübung ihrer traditionellen Religionen. Die spanische Herrschaft endete vorläufig 1680 mit der Pueblo-Revolte, bei der sich die widerwillig christianisierten Stämme erhoben und mehr als tausend Spanier töteten. Doch bereits 1692 kehrten die Spanier nach New Mexico zurück.

Riesige herrenlose Pferdeherden begannen nach der Revolte ihre Wanderung in Richtung Norden. Auf Grund der idealen Lebensbedingungen in der Prärie vermehrten sich diese Pferde, die im weiteren Verlauf der Geschichte als Mustang bezeichnet wurden, in den nächsten 200 bis 300 Jahren sehr stark und wurden zu einem unerschöpflichen Pool von Reittieren für die nomadisierenden Indianerstämme.

Das Pferd änderte die Lebensgewohnheiten einiger Stämme maßgeblich. Die Bewohner der Plains erkannten den Nutzen dieses Tiers, das den bis dahin gebräuchlichen Hund als Lasttier ablöste. Manche Stämme entwickelten ein besonderes Geschick beim Fangen und Abrichten der Mustangs. Das Pferd erhöhte die Schnelligkeit und Bequemlichkeit beim Reisen und somit auch die Mobilität der einzelnen Stämme. Die Jagdgewohnheiten insbesondere bei der Bisonjagd veränderten sich. So machte die Ankunft des Pferdes aus landwirtschaftsorientierten Stämmen wie den Sioux ein kriegerisches Nomadenvolk, das ebenso wie Comanche, Crow und Cheyenne aus dem Westen und einigen weiteren Stämmen, die bis dahin fast menschenleere Ebene bevölkerten. Selbst sesshafte Völker entlang der Flüsse, maßen plötzlich der Jagd hohe Bedeutung bei und verließen nach der Maisaussaat ihre Erdhäuser, um erst zur Maisernte wieder in ihr Dorf zurück zu kehren.

Der Handel mit den Franzosen und Engländern, die von Norden und Osten her in die Plains eindrangen, entwickelte sich durch die größere Beweglichkeit der Stämme, die jetzt auch untereinander regen Handel treiben konnten. Feldprodukte wurden gegen Jagdprodukte getauscht. Die europäischen Händler brachten bunte Glasperlen, Knöpfe, Stoffe, Metalltöpfe, aber auch Gewehre mit, so dass die Kriege verfeindeter Stämme und die Jagd ein ganz anderes Ausmaß annahmen.

New Mexico gehörte ab 1821 nach der mexikanischen Revolution zur Republik Mexiko. Die USA forcierten indessen die Besiedlung in Richtung Westen und beanspruchten zu Mexico gehörende Gebiete. Nach dem sich daraus ergebenden Krieg (1846 – 1848) verlief anschließend nicht nur die texanische Grenze wunschgemäß am Rio Grande, sondern durch die Abtretung aller Gebiete nördlich des Gila River fielen New Mexico, Teile Arizonas und Kalifornien an die USA.

Immer mehr Siedler strömten aus Richtung Osten ins Land, so dass die um ihre Existenzgrundlagen kämpfenden Indianer keinen anderen Ausweg sahen, als sich gegen die Eindringlinge zu wehren. 1847 wurde der amerikanische Gouverneur in Taos ermordet.

Da die Amerikaner den Wert der Bodenschätze in den Bergen des Navajolandes erkannt hatten, nahmen sie dieses Attentat, obwohl nicht von den Navajo ausgeführt, als willkommenen Anlass zur unerbittlichen jahrelangen Verfolgung des Stammes. 1864 gaben die Navajo im Canyon de Chelly halbverhungert auf, nachdem das Militär ihre Siedlungen und Felder zerstört und ihr Vieh getötet hatte. 8.000 Navajo wurden in das 500 Meilen weit entfernte Konzentrationslager bei Fort Sumner in New Mexico verschleppt, das eigentlich für nur 500 Mescalero-Apache gebaut worden war. Viele starben auf dem Weg dorthin, noch mehr unter den unmenschlichen Bedingungen im Lager. Vier Jahre später wurde den Navajo ein Reservat in ihrer alten Heimat Arizona zugewiesen.

1853 begann die Erschließung des Apache-Gebietes, gegen das sich seine

Bewohner erbittert wehrten. Um endlich die Bodenschätze fördern und das Land an weiße Siedler verteilen zu können, wurden 1874 die Mitglieder- verschiedener Apache-Stämme teils in unwirtliche und für jegliche Land- wirtschaft ungeeignete Wüstenlandstriche in New Mexico und Arizona, teils nach Oklahoma umgesiedelt. Unerträgliche Zustände in der San Car- los Reservation in Arizona, unter anderem Hunger, führten zur Flucht Ge- ronimos und seiner Stammesgenossen. Von 5.000 Mann Kavallerie gejagt, endet sein daraufhin geführter Guerillakrieg 1886, als er sich mit seinen letzten 20 Kriegern sowie deren Frauen und Kindern ergibt.

Einer der größten Indianerstämme der Plains, die Sioux, der in der Region des heutigen Dakota lebte, hatte vor der Mitte des 19. Jahrhunderts wenig Kontakt zu den Weißen. Eine dramatische Änderung trat 1862 ein, als un- ter Häuptling Little Crow 644 weiße Siedler massakriert wurden. Einer der blutigsten Indianerkriege, der 28 Jahre dauern sollte, begann. 1868 kam es unter Red Cloud zu einem Friedensvertrag, der den Sioux eine große Reservation zusprach, in der alle Forts aufgelöst werden sollten. Als man jedoch 1874 in den heiligen Bergen der Lakota-Sioux, den Black Hills, Gold fand, wurde die Regierung schnell wortbrüchig und erklärte 1875 die Black Hills als nicht mehr zur Reservation gehörig. Unter der Führung von Sitting Bull und Crazy Horse kam es am 25. Juni 1876 zu der berühmten Schlacht am Little Big Horn, bei der Custer von den Sioux und Cheyenne vernichtend geschlagen wurde. Das Indianer-Massaker am 29. Dezember 1890 bei Wounded Knee war die letzte Auseinandersetzung der Sioux- Kriege. Die Armee trieb die Sioux ins Reservat zurück. Dort wurden sie ei- nem „Zivilisierungsprogramm" unterzogen und ihre Kinder in Internats- schulen geschickt, um sie zu guten Christen zu erziehen. Der Streit um die Black Hills ist bis heute nicht beigelegt, obwohl ein US-Gericht den Vertrag von 1868 für gültig befunden hat. Die finanzielle Entschädigung von 17,5 Millionen US-Dollar, die sich über 100 Jahre verzinst hat, haben die Lakota bis heute nicht angerührt. Sie wollen nur eins: ihr heiliges Land zurück.
In der ersten Hälfte des 19. Jahrhunderts begannen die Zwangsumsied- lungen von Indianern in das heutige Oklahoma, um Platz für die schnell expandierende Besiedlung und damit verbundene Landwirtschaft zu schaf- fen. Ziel war es, ein dauerhaftes Indianer-Territorium zu gründen. Das Indi-

aner-Umsiedlungs-Gesetz von 1830 garantierte den Indianern, dass ihnen dieses Land, das „Indian Territory", gehören sollte, „solange das Gras wächst und solange das Wasser fließt".

Die ersten Stämme, die zwangsumgesiedelt wurden, waren die so genannten „zivilisierten Stämme", die östlich der Plains lebten, die Cherokee, Creek, Chikasaw, Choctaw und Seminolen, denen weitere Stämme aus dem Süden, Westen und Norden folgen sollten.

Die Idee des „Indian Territory" wurde jedoch zunichte gemacht, als nach 1860 die Erschließung des Westens durch den Bau der Eisenbahn voran getrieben wurde. Auf den gesamten Plains und auch im „Indian Territory" wurden die Bisons, die Nahrungsgrundlage der Indianer, durch professionelle Bisonjäger bis 1865 fast ausgerottet. Die letzten freien Jäger mussten sich der Militärgewalt beugen und wurden nach der Vereinbarung von Medizin Lodge 1867 in Reservate im „Indian Territory" umgesiedelt.

Die chemals frei umherziehenden Ureinwohner Nordamerikas fanden sich in Reservate eingepfercht wieder, in denen sie sich mit einer neuen Lebensweise vertraut machen mussten, denn man erwartete von ihnen, dass sie ab sofort Landwirtschaft betreiben würden. Zu den von der Regierung festgesetzten Rationen gehörten Pökelfleisch, Weizenmehl, Zucker, Salz und Alttextilien. Wobei Weizen-mehl ein Novum für die meisten Indianer war, allerdings heute aus ihrer Küche nicht mehr wegzuden-ken ist. Korrupte Indianeragenten verkauften teilweise die Lebens-mittel, das Saatgut und auch Woll-decken und Bekleidung privat, an-statt sie an die in den Reservaten dahin vegetierenden Bewohner wieter zu geben.

Wer sich nicht im zugewiesenen Reservat aufhielt – weil sich zum Beispiel jagdbare Tiere außerhalb der Reservatsgrenze befanden – wurde gnadenlos von der Armee gejagt und bestraft. Die unhaltbaren Zustände in den Reservaten, vor allem fehlende Lebensmittel, veranlassten die Mitglieder einiger Stämme wie Comanche, Kiowa und Cheyenne im Frühjahr 1874 zu einem neuen Krieg. 50 Kompanien wurden in Bewegung gesetzt, um sie zu besiegen. Die Indianer zogen sich in den Palo Duro Canyon in Texas zurück, errichteten dort ihr Lager und lebten wie in alter Zeit.

Die Armee überraschte sie Ende September im Canyon und erbeutete alle Pferde der Kiowa und Comanche. Mehr als 1.000 Beutepferde wurden von der Armee erschossen, um die Indianer für die Zukunft bewegungsunfähig zu machen. Den meisten Cheyenne gelang es, mit ihren Pferden zu fliehen. Viele der Kiowa und Comanche kehrten resigniert in die Reservation zurück. Die Cheyenne und einige Kiowa- und Comanche-Gruppen flüchteten in die Plains, obwohl es problematisch war, dort mit Frauen und Kindern zu überwintern.

Ein neuer Feldzug der Armee bewegte die letzten freien Kiowa im Februar 1875 zur Kapitulation. Im April 1875 wurden die Cheyenne besiegt. Im Juni 1875 ergaben sich auch die Comanche unter Führung des legendären Häuptlings Quanah Parker. Zu dieser Zeit wurde eine der letzten großen Bisonherden in den südlichen Plains gesehen.

Das Allgemeine Zuteilungsgesetz von 1887 löste die Stammesbesitze, d.h. die den Stämmen als Reservat zugewiesenen Ländereien im „Indian Territory" auf. Den einzelnen Familien wurde parzelliertes Land zugewiesen, das man den in Geschäften dieser Art unerfahrenen Indianern teilweise wieder abgaunerte.

Am 22. April 1889 warteten zehntausende Siedler auf den Startschuss zum „Land Run", um angeblich nicht besiedeltes und vergebenes Land in Besitz zu nehmen. 1890 wurde ein Großteil des „Indian Territory" zum Staatsgebiet von Oklahoma erklärt. 1898 trat ein Gesetz in Kraft, das die Stammesregierungen auflöste und die Souveränität aller Stämme zerstörte. Als 1907 Oklahoma als Staat in die Union aufgenommen wurde, hörte das „Indian Territory" auf zu existieren.

Viele Indianer verhungerten oder starben an Krankheiten, die die Weißen eingeschleppt hatten. Die Friedhöfe der Indianer zeigen, dass ein großer Teil, insbesondere sehr viele Kinder, zwischen 1890 und 1911 starben.

1924 wurden die in den USA lebenden Ureinwohner zu amerikanischen Staatsbürgern erklärt.

Die herkömmliche Lebensweise der Pueblo-Stämme, aber auch der Navajo, hat sich trotz der kulturellen Schockbehandlung durch „Zivilisierungsversuche" weitestgehend erhalten, was sicherlich dadurch zu begründen ist, dass sesshafte Indianer seltener umgesiedelt wurden.

64 Stämme sind im indianischen Schmelztiegel Oklahoma vertreten, 37 davon als anerkannte „Nations". Trotz aller Widrigkeiten haben jedoch die Stämme ihre Kultur nicht nur bewahrt, sondern pflegen sie inzwischen selbstbewusst wieder. Die Indianer versuchen heute, ihre eigene Sprache zu erhalten, da es nicht mehr verboten ist, sie zu sprechen und zu lehren.

70% der Navajo sind noch der Stammessprache mächtig, während einige Sprachen kleinerer Stämme teilweise schon ganz verschwunden sind. Die traditionellen Speisen der Vorfahren sind ebenfalls Bestandteil des Kulturerbes.

Viele Nachkommen der kriegerischen Reiterstämme sehen im Dienst bei der amerikanischen Armee in der heutigen Zeit eine Möglichkeit, die alten Ideale wie Tapferkeit und Mut beweisen zu können. Sie werden wie die Krieger in alten Zeiten bei tagelangen Pow-Wows mit zeremoniellen Tänzen und traditionellen Speisen geehrt.

## DIE LEBENSWEISE DER STÄMME

### Stämme des Südwestens

Die Bewohner dieser extrem niederschlagsarmen Region, wie die Pueblo-Stämme und die puebloverwandten Zuni und Hopi, lebten in Dörfern (span. Pueblo) mit festen, teilweise mehrstöckigen Bauten. Die fundierten Pflanzenkenntnisse ihrer Vorfahren, den Anazasi, die teilweise in großen Städten in Lehm- und Steinbauten mit mehreren Etagen wohnten, ermöglichten ihnen ein Überleben in dieser trockenen Einöde. Sie betrieben Landwirtschaft, deren Haupterzeugnisse Mais, Bohnen und Kürbis waren. Zur Erweiterung der Speisekarte sammelten die Frauen Beeren, Nüsse, Wurzeln, wilde Kartoffeln, Kakteenblätter und -früchte, Samen und Kräuter. Fleisch aus der Jagd auf Bison, Hirsch, Gabelbock und Bighornschaf rundete das Nahrungsangebot ab. Mit der Ankunft der Spanier erweiterten sich die landwirtschaftlichen Nutzpflanzen um Chilischoten, Aprikosen, Tomaten und Melonen.

Der kuppelförmige Lehmbackofen, der „Horno", ein unverwechselbares Kennzeichen des Pueblo-Stils in New Mexico, kam ebenfalls erst mit den spanischen Eroberern in den Südwesten. In einigen Pueblos, die teilweise zum Weltkulturerbe gehören, scheint es, als sei die Zeit stehen geblieben: ihre Bewohner leben bis auf wenige Neuerungen so, wie es seit Jahrhunderten Tradition ist.

Die Pueblos Santa Clara, Taos und Acoma, die sicherlich zu den bekanntesten gehören, sind berühmt für ihre kunstvollen Töpfer- und Korbwaren, ebenfalls ein Erbe der Anazasi. Die Silberschmiedekunst übernahmen die Hopi und Zuni von den Navajo, die ihre Silberarbeiten, aber auch Silber, bei

diesen Stämmen gegen Muschelperlen und Türkise eintauschten.
Die halbsesshaften Navajo in Arizona und die Apache im westlichen Texas

und New Mexico zählen zu den weiteren Bewohnern der Region, allerdings mit einer anderen Lebensweise als die Pueblobewohner.
Die Navajo sammelten Wildpflanzen, jagten Kleinwild und wohnten in Hogans, Rundhäusern mit kuppelförmigen Dächern aus Stein- oder Bretterrahmen, deren Lücken mit Lehm oder Adobeziegeln ausgefüllt sind. Nach Ankunft der Spanier wurden die Navajo zu berittenen Schafzüchtern, die ihren Mais selbst anbauten und Handel mit den Pueblo-Stämmen und den Spaniern trieben. Sie übernahmen von den Spaniern die Webkunst, sowie von den Mexikanern die Silberbearbeitung. Ihre kunstvollen Webarbeiten und der prunkvolle mit Türkisen verzierte Silberschmuck sind heute weltberühmt.
Mit mehr als 220.000 Stammesangehörigen sind die Navajo die größte indianische Nation mit einem geschlossenen Siedlungsgebiet. Das heutige Reservat in Arizona ist mit 640.000 km² größer als einige Bundesstaaten an der Ostküste.

In New Mexico, Colorado und Süd-West-Texas waren umherziehende Apache-Stämme zu finden. Sie lebten in einfachen Tipis oder Wickiups, kuppelförmigen Hütten aus biegsamen Ästen mit Fellen oder geflochtenen Grasmatten überzogen. Die einzelnen Stämme, die Mescalero, Chiricahua, Jicarilla und Western Apache, ernährten sich von

Kleinwild und Wildpflanzen. Gelegentlich bauten Apache auch Mais an.
Da ihre Lebensweise nur wenig Vorratshaltung erlaubte, gingen sie im Winter regelmäßig auf Raubzüge, um Vieh zu erbeuten. Ab Mitte des 18. Jahrhunderts war das Pferd ein begehrtes Fortbewegungsmittel dafür. Heutiger Lebensraum der Apache sind Oklahoma sowie Reservate in New Mexico und Arizona.


## Nomadenstämme der Plains

Die wichtigste Nahrungsquelle der reitenden Nomaden, die über die Graslandschaften streiften und in teilweise kunstvoll gearbeiteten Tipis aus Bisonhäuten lebten, war der Bison. Er lieferte ihnen fast alles, was sie zum Leben brauchte. War es in früherer Zeit sehr mühsam gewesen, den mächtigen Tieren nachzustellen, veränderte das Pferd die Jagdtechniken nachhaltig. Speziell für die Bisonjagd trainierte Pferde kamen zum Einsatz,

 wenn oft hunderte von Männern aus ihren Sommerlagern aufbrachen, um Nahrung für den Winter zu erlegen. Das Enthäuten und Zerteilen war Aufgabe der Frauen. Nichts wurde weggeworfen. Fleisch, das nicht sofort verbraucht wurde, verarbeitete man zu Jerky oder Pemmikan. Aus Sehnen wurden Nähgarn oder Bogensehnen, aus Knochen Pfeilspitzen, Nähnadeln, Löffel oder andere Gebrauchsgegenstände hergestellt.

Neben dem Bison fanden sich Hirsche, Bighornschafe, Gabelböcke, Wachteln, Präriehühner und andere Vögel, Kaninchen, Bären, Fische und noch etliches mehr auf der recht abwechslungsreichen Speisekarte wieder.

Das Sammeln von Wildpflanzen, bzw. deren Früchten spielte eine große Rolle in der Ernährung der indianischen Bevölkerung. Die Frauen sammelten Beeren, Baumfrüchte, Gemüse wie Prärierüben, Wurzeln, Pilze oder wilde Zwiebeln, Nüsse und Eicheln.

Mais, Bohnen, Kürbisse oder auch Sonnenblumenkerne tauschten die Nomadenstämme bei den sesshaften, Landwirtschaft betreibenden Stämmen gegen Dörrfleisch, gegerbte Häute oder auch kunstvoll gearbeitete Kleidung ein.

Während die sesshaften Indianer bereits in früheren Zeiten über feste Feuerstellen und Backöfen verfügten, waren die Kochgeräte der nomadisierenden Indianer, die den Bisonherden folgten, sehr beschränkt und meist aus leichtem, wegwerfbarem Material hergestellt. Eintöpfe stellten die einfachste Art der Nahrungszubereitung von Fleisch und Gemüse dar, denn meist war nur eine Feuerstelle oder ein Topf pro Familie vorhanden.

Als „Topf" wurden Bisonmägen verwendet oder ein entsprechend großes Hautstück, das an vier Enden an vier Stangen befestigt wurde. Die Hitze

 wurde dadurch erzeugt, dass heiße Steine mit einem speziellen Gerät aus Holz in den Beutel gelegt und immer wieder ausgetauscht wurden. War dieser „Kochtopf" nach wenigen Tagen durchlässig, wurde er aufgegessen.

Eine andere Methode war, den „Topf" in einer Erdmulde zu versenken und die heißen Steine dort hinein zu legen. Durch Handel mit den Weißen kamen die Indianer später in den Besitz von Töpfen aus Kupfer oder Eisen, die das Kochen vereinfachten. Ein solcher Topf oder Kessel wurde als

sehr wertvoller Besitz der Familie angesehen.

Um Fleisch zu braten, wurden drei Stangen am oberen Ende zusammen gebunden und über das Feuer gestellt. Durch das Fleischstück wurde ein Holzspieß getrieben, der mit Rohhautband am oberen Ende der Stangen befestigt wurde. Damit das Band nicht anbrannte, wurde es ständig befeuchtet.

Zu den Nomadenstämmen der Plains gehörten die Arapaho (North Dakota), die Cheyenne (South Dakota), die Sioux (South- und North Dakota), die Crow (North Dakota), die Kiowa (Colorado und Oklahoma) und die Comanche (nördliches Texas und Oklahoma).

Während die Comanche und Kiowa heute in Oklahoma angesiedelt sind, leben die anderen Stämme in Reservaten, teilweise in ihrer alten Heimat. Die Arapaho sind in Wyoming anzutreffen, die Cheyenne in South Dakota und Montana, die Crow ebenfalls in Montana und die Sioux in South und North Dakota.

### Sesshafte Stämme der Plains

Der ursprüngliche Lebensraum der Maisanbau betreibenden Caddo, die in kuppelförmigen Strohhütten lebten, war Texas und Louisiana. Die Wichita,

Kürbis- und Maisbauern, bewohnten in Oklahoma und Texas ebenfalls kuppelförmige, jedoch bis zu vier Meter hohe Strohhütten.

Während der Wild- und Bisonjagd bevorzugten die vormals in Kansas ansässigen Osage ein einfaches Tipi. In ihren Dörfern, in denen sie Mais anbauten, lebten sie in Prärie-Erdhütten.

Die Caddo, Wichita und Osage wurden nach 1870 in Reservate nach Oklahoma gebracht.

Die Behausungen der Mandan in North Dakota bestanden aus großen, runden, blockhausähnlichen Erdhütten, die im Boden versenkt und mit Erde abgedeckt und bewachsen waren. Die gut getarnten Erdhügel waren groß genug, um das Lieblingspferd mit hinein nehmen zu können. Den Mandan wurde in ihrer Heimat North Dakota ein Reservat zugewiesen.

Die aus Nebraska stammenden in Prärie-Erdhütten lebenden Pawnee, ernährten sich von der Jagd und dem Maisanbau. Sie wurden nach Oklahoma umgesiedelt.

# INGREDIENZEN

**Bohnen**

Je nach Region bauten die Indianer verschiedene Bohnensorten an: weiße Bohnen, schwarze Bohnen, Pinto- und Kidneybohnen sowie die Black-Eyed Peas. Die Bohnen wurden geerntet, wenn die Kerne hart waren, und konnten getrocknet unbedenklich in luftigen Behältern lange aufbewahrt werden.

**Chili**

Chili, auch Pfefferschote genannt, mit mehr als 100 Sorten gehört unabdingbar zur Küche des Südwestens. Die länglichen Schoten von bis zu 15 cm Länge gibt es in den Farben grün, orange und rot und sie werden frisch, getrocknet und auch in Dosen angeboten. Zu den bekanntesten Sorten zählen die schmalen, etwas spitzen Anaheim-Chili, eine etwas mildere Sorte. Sie gehört in New Mexico zu den Grundnahrungsmitteln. Grün werden sie frisch verarbeitet. Rot, also reif, werden sie getrocknet oder zu Pulver vermahlen. Die meist grün geerntete 7 – 8 cm lange, abgerundete, dickfleischige Jalapeño gehört zu den schärferen Arten. Chipotles sind keine eigene Chilisorte, sondern über Mesquite-Holz getrocknete reife Jalapeños mit einem typischen, rauchigen Aroma. Sie werden bevorzugt für Bohnen-Eintöpfe verwendet. Es gilt die Regel, je größer die Chili, umso milder ist sie. Die Schärfe ist hauptsächlich in den Samenkörnern enthalten, die vor der Verwendung entfernt werden sollten. Getrocknete Chili haben ein sehr gutes Aroma. Man röstet sie 2 – 3 Minuten im Backofen und lässt sie anschließend ca. 20 Minuten in sehr heißem Wasser ziehen. Bei dem hierzulande angebotenen Chilipulver, handelt es sich meist nicht um reines Chili, sondern in der Regel um eine Mischung aus Chili, Kreuzkümmel, Organo, Salz, Knoblauch und anderen Gewürzen. Man kann reines Chilipulver ohne weiteres durch eine solche Mischung ersetzen, falls reines Chili nicht erhältlich ist. Chili sind leicht anzubauen und wachsen sogar in einem Topf auf der Fensterbank. Haben sie einmal im Garten Wurzeln gefasst, vermehren sie sich recht schnell.

**Erdnüsse**

Ursprünglich kommt die Pflanze aus Peru, wurde aber von den spanischen Eroberern weiter verbreitet. Die Erdnuss gehört nicht zu den Nüssen, sondern ist eine Hülsenfrucht. Die einjährige Pflanze wird ca. 60 cm hoch. Da ihre Früchte kein Licht vertragen, neigt sich die Pflanze nach der Blüte zur Erde und bohrt die an den Spitzen hängenden Fruchtknoten 5 cm oder tiefer in den Erdboden hinein.

**Hickorysalz**
Über Holz geräuchertes Meersalz. Es verleiht Gerichten einen rauchigen, schinkenartigen Geschmack.

**Holzasche**
Durch Zugabe von Holzasche bei Mais oder auch anderen Gerichten erhöhten die Indianer den Mineralstoffgehalt einer Speise. Je nach Stamm verwendeten sie Hickoryholz, Wacholderzweige oder auch krautartige Pflanzen. Bisweilen wurde die Holzasche, die aus vollkommen verbranntem Holz gewonnen wird, auch als „Backpulverersatz" für Maisbrot verwendet.

**Kürbis**
Indianer züchteten eine Vielzahl verschiedener Kürbis-Sorten. Während das Fruchtfleisch und die Samenkörner zur Zubereitung der verschiedensten Gerichte verwendet wurden, diente die Schale zur Herstellung von Schüsseln, Schöpfkellen, Löffeln, Rasseln und Vorratsbehältern. Oft band man die Frucht während des Wachstums ein, um eine bestimmte Form zu erhalten.

**Mais**
Mais zählte bereits 3000 vor Chr. in Mexiko zu den Grundnahrungsmitteln und wurde im Südwesten schon zu voreuropäischer Zeit u.a. zu Maisbier verarbeitet. Die Indianer kannten mehr als 500 verschiedene Sorten Mais. Der Geschmack reichte von salzig bis zuckersüß. Dazu unterschieden sich die einzelnen Sorten in Farbe (weiß, rot, gelb, schwarz, blau, braun, gesprenkelt, gestreift und gefleckt), Kolbenlänge und Kolbenform.

**Mesquite**
Dieser buschartige Baum mit zarten, fedrigen Blättern und bis zu fünf Zentimeter langen, nadelscharfen Dornen kann bis zu 10 m hoch werden. Der Geruch von verbranntem Mesquite-Holz gehört zu den typischen Gerüchen des Südwestens. Kein anderes Hartholz brennt heißer und entzündet sich so leicht wie Mesquite-Holz, dazu ist es unübertroffen darin, jedem Gericht ein besonders Aroma zu verleihen. Die Indianer schätzen die Mesquitebohnen als schmackhaftes und vor allem nahrhaftes Lebensmittel. Die bohnenartigen Hülsenfrüchte haben einen Zuckergehalt von 30%. Das aus den getrockneten Bohnen hergestellte Mehl, aus dem sie ein sehr nahrhaftes Brot herstellten, wurde Pinole genannt. Aber auch für Kuchen und Suppen sowie ein alkoholhaltiges Getränk fanden das Mehl bzw. die Bohnen Verwendung.

**Pecan-Nüsse**
Der Pecan-Baum gehört zu den Walnussbäumen und ist im Südwesten der USA heimisch. Sein Holz zählt aufgrund seiner Eigenschaften zu den Edelhölzern, aus dem früher Wagons, Wagenräder und auch Flugzeuge gefertigt wur-

den. Die Indianer liebten die Nuss dieses Baumes, die sie „Krachende Nuss" nannten. Die bei uns auch Hickory-Nuss genannte Nuss kann im Notfall durch Walnüsse ersetzt werden, allerdings ist eine Pecan-Nuss wesentlich würziger im Geschmack als die heimische Walnuss.

**Persimone** Die Persimone, auch Dattelpflaume genannt, wurde von den Indianern auf vielfältige Art verwendet: getrocknet, gekocht, in Brot oder Kuchen. Die unreifen, grünen Früchte sind sehr bitter. Reif und weich geworden, schmecken sie sehr pikant.

**Pinienkerne** Die nordamerikanischen Indianerstämme verwendeten die Pinienkerne nicht nur als Nahrungsmittel, sondern auch als Heilmittel. Sie sammelten die Zapfen und trockneten die Samen. Beim Trocknen der Samen springt die harte Schale auf und der Kern kann geerntet werden. Da Pinien erst nach ca. 40 Jahren Früchte tragen, waren die alten Baumbestände sehr wertvoll für die Indianer.

**Süßkartoffeln** Diese meist rötliche Wurzelknolle, die botanisch nicht mit der Kartoffel verwandt ist, schmeckt mehlig-süß. Die zuckerhaltige Knolle kann durchaus ein Gewicht von 1 kg oder mehr haben.

**Wildreis** Wilder Reis gehört aus botanischer Sicht nicht zu den Reispflanzen, sondern ist eine Rispengras genannte Wasserpflanze. Sie gehörte zu den Hauptnahrungsmitteln der an Flüssen und Seen lebenden Indianer, die die Samen der bis zu 1,20 m hohen Gräser vom Kanu aus mühevoll ernten mussten.

### Getrocknetes Gemüse

Falls keine Zeit bleibt, getrocknetes Gemüse über Nacht einzuweichen, hilft ein Schnellverfahren. Das Gemüse mit Wasser bedecken und aufkochen lassen. Anschließend mindestens eine Stunde lang quellen lassen.

Mit **Mais** ist bei den Rezepten dieses Buches immer Zuckermais gemeint.

Mit **Pfeffer** ist immer frisch gemahlener Pfeffer gemeint.

**Tomaten** werden fast immer ohne Kerne und Haut verwendet. Dazu die Tomaten kurz in kochendes Wasser geben, abschrecken und enthäuten.

### Was nicht in diesem Buch steht:

Auf Rezepte zur Zubereitung von Gerichten mit Tieren, die inzwischen teilweise unter Naturschutz stehen, bzw. nicht unbedingt den europäischen Eßgewohnheiten entsprechen, wurde verzichtet. Dazu gehören: Bär, Stachelschwein, Waschbär, Präriedog, Eichhörnchen, Biber, Opossum, Muschusratte, Stinktier, Schlange, Schildkröte, Frösche und Zikaden.

# MAßEINHEITEN UND TEMPERATUREN

## Maßeinheiten

TL – Teelöffel – 5 ml
EL – Esslöffel – 15 ml – 3 TL
g – Gramm
kg – Kilogramm – 1.000 g
l – Liter – 1.000 ml

## Dosengrößen

| | |
|---|---|
| kleine Dose | unter 300 ml |
| mittlere Dose | 300 – 500 ml |
| große Dose | 500 – 800 ml |

## Ofentemperaturen

| | |
|---|---|
| sehr niedrige Hitze | 125° – 150° C |
| niedrige Hitze | 150° – 165° C |
| gemäßigte Hitze | 165° – 190° C |
| mittlere Hitze | 190° – 205° C |
| starke Hitze | 205° – 230° C |
| sehr starke Hitze | 230° – 260° C |

Da die für ein Gericht tatsächlich benötigte Temperatur von der jeweiligen Hitzequelle (Kohleherd, Gasherd, Elektroherd, Elektro-Umluftherd) und der Leitfähigkeit des verwendeten Kochgeschirrs abhängt, werden Temperaturspannen und ungefähre Garzeiten in diesem Buch angegeben.

# TRADITIONELLE HALTBARE

# NAHRUNGSMITTEL

Für die nomadisierenden Stämme der Plains und die Apache waren getrocknete Vorräte wie Dörrfleisch und Pemmikan sehr praktisch, da sie leicht waren, wenig Platz einnahmen und auch notfalls nebenbei ohne Rast verspeist werden konnten. Zusammen mit frischen, wilden Zwiebeln und Wurzeln ergaben sie nahrhafte, wohlschmeckende Mahlzeiten, die bereits wenige Stunden nach Errichtung eines Lagers fertig waren.

# JERKY

Bei Jerky handelt es sich um getrocknetes Bison-, Rind- oder Wildfleisch. Ob im Winter im Camp oder als leicht zu transportierende Nahrung auf Raubzügen, bei denen es nicht möglich war zu jagen, sicherte es den Indianern neben anderen haltbaren Nahrungsmitteln das Überleben.

Die ursprüngliche, traditionelle Art Jerky herzustellen war, die Streifen für 3 – 4 Tage in eine spezielle Würzmarinade einzulegen, um sie anschließend 2 Tage über dem Feuer zu räuchern. Dabei musste jeder Streifen so weit vom anderen entfernt sein, dass sie sich nicht berührten.

In den 60iger Jahren des 19. Jahrhunderts, als Salz kommerziell hergestellt und in größeren Mengen gehandelt wurde, fand auch eine andere Verarbeitungsart Eingang in die Küche der Indianer. Das frische Fleisch wurde in lange, schmale Streifen geschnitten, kurz in eine Salzlake eingelegt oder mit Salz eingerieben und auf spezielle Ständer oder Leinen gehängt, um in der Sonne zu trocken, so dass ihm jegliche Flüssigkeit entzogen wurde. Dieser Vorgang konnte 12 Stunden bis zu einer Woche dauern.

Das fertige Jerky wurde in Säcken oder anderen luftdurchlässigen Behältnissen an trockenen Plätzen aufbewahrt, um es vor Insekten und Schmutz zu schützen.

Eine moderne Möglichkeit Beef-Jerky herzustellen:

| 1 ½ kg | mageres Rindfleisch |
|--------|---------------------|
| 250 ml | Wasser |
| 1 TL | schwarzer Pfeffer – grob gemahlen |
| 1 TL | Salz |
| 125 ml | Zitronensaft |
| 4 | gepresste Knoblauchzehen, |
| 6 | zerdrückte Wacholderbeeren |

Das Rindfleisch mit der Faser (nicht quer zur Faser!) in ca. 2,5 cm breite, dünne Streifen schneiden. Wasser und Zitronensaft vermischen und die anderen Zutaten hinzufügen. Das Fleisch in eine flache Schale legen und mit der Flüssigkeit bedeckt über Nacht stehen lassen. Anschließend werden die Fleischstreifen zum Trocknen auf Backpapier oder auf einen Grillrost gelegt. Die Fleischstreifen dürfen sich nicht berühren. Bei 125°C für 5 Stunden oder länger im Backofen trocknen.

# PEMMIKAN

Eine fettreichere und somit kalorienreichere Variante des Trockenfleisches ist Pemmikan. Bei den Feldbau treibenden Stämmen der Plains, wie den Mandan oder Pawnee, wurde Pemmikan hauptsächlich anstatt aus Fleisch mit Mais hergestellt. Obwohl die nomadisierenden Stämme eher die Fleisch-Variante bevorzugten, war vegetarisches Pemmikan nicht unbekannt. Einige wenige Stämme verwandten Fisch für ihr Pemmikan, das in seiner Zubereitungsart den beiden anderen Varianten ähnelt. Gewürze wurden nach persönlichem Geschmack beigegeben.
Pemmikan diente als Proviant auf langen Wanderungen oder wenn frisches Fleisch knapp war. Es konnte, wenn man es in heißem Wasser auflöste und aufkochte, zu einer nahrhaften Suppe verarbeitet werden.

### Fleisch-Pemmikan

Trockenfleisch wurde zu Pulver zerrieben und mit Fett und getrockneten Beeren vermischt. Bei dem Fett konnte es sich um tierisches Fett von jeder Tierart handeln. Bevorzugt wurde jedoch Knochenmark, das wegen seines guten Geschmacks und seiner Nahrhaftigkeit häufig Verwendung bei der Herstellung von Pemmikan fand. Dieser proteinhaltige Fleischfettbrei ließ sich in Säckchen aus Rohhautleder monatelang aufbewahren.

### Fleisch-Pemmikan

175 g   zu Pulver geriebenes Trockenfleisch von Bison, Rind oder Wild
125 g   getrocknete herbe Beeren
100 g   Butter

Alle Zutaten gut miteinander vermengen und zu Kugeln formen.

### Modernes Fleisch-Pemmikan

200 g   getrocknetes Rindfleisch
100 g   Griebenschmalz
       Kerbel
       Basilikum
       Koriander
       Pfeffer und Salz

Das Fleisch im Mixer in kleine Stückchen zerhacken und mit den Gewürzen und dem Schmalz verkneten. Die Masse in einem Topf bei sehr niedriger Temperatur erwärmen und in einen Behälter füllen. Die abgekühlte Masse als Aufstrich zu Brot oder Fladen servieren.

**Traditionelles Mais-Pemmikan**
Getrockneter, zu Pulver zerriebener Mais wurde mit ausgelassenem Fett vermischt, mit Trockenfrüchten angereichert und zu Kugeln geformt.

**Mais-Pemmikan**

| | |
|---|---|
| 250 g | Maismehl |
| 125 g | Rosinen oder getrocknete Beeren |
| 65 g | Zucker |
| 225 g | Butter |

Die Rosinen oder Beeren in Wasser einweichen und abgießen. Die Butter in einem Topf schmelzen lassen. Den Backofen vorheizen und das Maismehl in einem Topf bei gemäßigter Hitze rösten, bis es braun ist. Die abgetrockneten Beeren mit Maismehl und Zucker vermengen und das geschmolzene Fett gut untermischen. Die Masse in eine 20 x 20 cm große Backform füllen und im Kühlschrank erstarren lassen. Anschließend in Riegel schneiden und die Riegel einzeln in Alufolie wickeln.

# HOMINY

Die Herstellung von Hominy gehört zu den traditionellen Methoden, Mais haltbar zu machen, um ihn zu einem späteren Zeitpunkt zu verwenden. Seinen unvergleichlichen Geschmack erhält es durch die jeweilige Holzart der hinzugefügten Holzasche.

| | |
|---|---|
| 500 g | Holzasche |
| 2 l | Wasser |
| 1 kg | Mais |

Eine Zubereitungsmöglichkeit ist, die vom Kolben gelösten Maiskörner zusammen mit der Holzasche in heißes Wasser zu legen und länger einzuweichen oder auch zu kochen, bis sich die Außenhaut der Körner löst.
Bei der zweiten Variante wird die Holzasche in dem Wasser 30 Minuten gekocht und das Wasser anschließend durch ein Tuch gesiebt. In dem Holzaschen-Wasser werden die Maiskörner solange gekocht, bis sich die Außenhaut löst. In beiden Fällen werden die Außenhüllen danach abgefischt und die Maiskörner gründlich in einem Sieb gewaschen.

Das Hominy kann frisch verwendet werden oder zur Vorratshaltung im Backofen bei niedriger Temperatur getrocknet und anschließend gemahlen werden.

Zur Herstellung des Hominy empfehlen sich emaillierte oder gusseiserne Töpfe; normale Metalltöpfe sind dafür nicht geeignet!

Hominy, zu grobem Schrot (Grieß) verarbeitet, wird zur Zubereitung eines Breis verwendet, der zum Frühstück gegessen oder als Beilage zu anderen Gerichten serviert wird.

# EICHELMEHL

Eicheln müssen sorgfältig vorbehandelt werden, um ihnen die Gerbstoffe zu entziehen. Nicht entfernte Gerbstoffe können u. a. zu Magen-Darm-beschwerden führen. Auch kann nur ein gelegentlicher Genuss empfohlen werden. Lediglich die Eicheln der nordamerikanischen Weißeiche sind unbehandelt genießbar.

Zur Vorbehandlung werden die Eicheln ohne Schale in einem Topf 30 Minuten gekocht. Sie werden abgegossen und gut gewässert. Der Vorgang wird zweimal mit frischem Wasser wiederholt, bis das Wasser wie heller Tee aussieht und die Eicheln nicht mehr bitter schmecken. Die Eicheln werden entweder in der Sonne oder im Backofen bei 70° getrocknet und anschließend gemahlen. Für Suppen und Brei werden die Eicheln geschrotet.

# BROT, FLADEN UND

# TORTILLAS

# MAISBROT

| 500 g | Maismehl |
|-------|----------|
| 1 TL  | Backpulver |
| 1 TL  | Salz |
| 1     | Ei – verquirlt |
| 500 ml | Buttermilch |
| 2 TL  | geschmolzenes Fett |

Alle trockenen Zutaten mixen. Das Ei, die Buttermilch und das Fett hinzufügen. Die Zutaten gut vermischen. Die Masse in eine Kastenbackform füllen und bei mittlerer Hitze 45 bis 60 Minuten backen.

# PFANNEN-MAISBROT (ZUNI)

| 250 g  | Maismehl |
|--------|----------|
| 1 EL   | Zucker |
| 2 TL   | Salz |
| 2 TL   | Natron |
| 1 TL   | Chilipulver |
| 280 ml | Buttermilch |
| 2      | Eier |
| 3      | Frühlingszwiebeln – kleingehackt |
| 2      | milde, grüne Chilischoten |
| 1      | frische oder eingelegte Jalapeño |
| 6      | Streifen magerer Räucherspeck |

Den Backofen auf mittlere Hitze vorheizen. In einer tiefen Pfanne von 20
bis 25 cm Durchmesser den Speck knusprig braten, herausnehmen, abtropfen lassen und in kleine Stücke schneiden. Maismehl, Zucker, Salz und
Natron vermischen. In einer anderen Schüssel einen Esslöffel Fett aus der
Pfanne mit Chilipulver, Buttermilch und den Eiern verquirlen. Die Butter-
milchmixtur in die Mehlmischung einrühren. Den Speck mit den Frühlingszwiebeln und den Chilischoten in die Mehl-Eier-Masse einrühren. Das Fett
in der Pfanne nochmals erhitzen und den Teig hinein geben. Im Backofen
ca. 30 Minuten bei 200°C backen. Das Brot ist fertig, wenn es goldbraun
ist und beim Einstechen eines Messers in die Mitte kein Teig haften bleibt.
Das Brot aus der Pfanne servieren und wie eine Torte aufschneiden.

# MAISBROT VOM BLECH (WICHITA)

250 g Maisgrieß
½ l Milch
200 g Butter oder Margarine
3 Eigelb – verquirlt
3 Eiweiß – steif geschlagen
1 TL Salz

Die Milch fast zum Kochen bringen. Salz und Maisgrieß rasch einrühren, bis der Teig glatt ist. Erst die Butter, dann das Eigelb hinzufügen. Das Eiweiß vorsichtig unterheben. Den Teig auf einem gefetteten Kuchenblech verteilen und bei gemäßigter bis mittlerer Hitze 35 bis 45 Minuten backen. In kleine viereckige Stücke schneiden und zu anderen Gerichten servieren.

# MAISKÜCHLEIN (MANDAN)

250 g Maismehl
30 g Weizenmehl
450 ml Milch
1 Tütchen Trockenbackhefe
2 TL Zucker
½ TL Salz
Bratfett für die Pfanne

Das Mehl mit Hefe, Zucker und Salz vermengen. Die Milch langsam einrühren, bis ein glatter Teig entsteht und anschließend 15 Minuten ruhen lassen. Den Teig esslöffelweise in eine Pfanne mit heißem Bratfett gleiten lassen und von beiden Seiten goldbraun backen.
Die Maisküchlein schmecken sehr gut mit Ahornsirup oder Puderzucker.

# MAIS-TORTILLAS

| 500 g | Maismehl |
|---|---|
| 1 TL | Salz |
| 500 ml | Wasser |
| | Bratfett |

Das Wasser mit dem Salz aufkochen lassen. Das Maismehl in eine Schüssel geben und mit dem kochenden Wasser übergießen. Solange durchmischen, bis die Mixtur zu einem festen Teig wird. Den Teig kühlen und danach mit der Hand zu sehr dünnen Fladen formen oder ausrollen und ausstechen. In einer sehr heißen, gefetteten Pfanne von beiden Seiten backen, bis die Tortillas eine schöne, goldbraune Farbe haben.

# TORTILLAS (ZUNI)

| 250 g | Mehl |
|---|---|
| 2 TL | Backpulver |
| 1 | Prise Salz |
| 100 g | weißes Bratfett |
| 300 ml | heißes Wasser |
| | Öl zum Braten |

Mehl, Backpulver und Salz vermischen und das weiße Bratfett unterkneten. Das Wasser hinzufügen und die Masse kneten. Falls der Teig zu klebrig ist, weiteres Mehl hinzufügen. Abdecken und 15 Minuten ruhen lassen. Den Teig in 12 gleich große Kugeln teilen, abdecken und nochmals 20 Minuten ruhen lassen. Jede Kugel zu einem Fladen dünn ausrollen.
Das Öl in der Pfanne erhitzen und die Tortillas einzeln von beiden Seiten anbraten, bis sich an der Oberfläche Blasen bilden. Die fertigen Tortillas aufeinander stapeln und im Backofen warm halten.

# PUEBLO-BROT

| 600 g | Mehl |
| 1 | Tütchen Trockenbackhefe |
| 110 ml | lauwarmes Wasser |
| 340 ml | heißes Wasser |
| 2 EL | Schweineschmalz oder Pflanzenfett |
| 1 EL | Zucker |
| 1 TL | Salz |

Den Backofen auf ca. 190°C vorheizen. Die Hefe mit dem Wasser verrühren und stehen lassen. In einer Schüssel das heiße Wasser mit Schmalz, Zucker und Salz vermengen und 120 g Mehl gut unterrühren. Das Hefewasser dazugießen und wieder gut durcharbeiten. 400 g Mehl unter ständigem Rühren langsam dazugeben und den Teig auf einer bemehlten Fläche ca. 10 Minuten durchkneten. Bei Bedarf weiteres Mehl hinzufügen. Den Teig anschließend in einer gefetteten, mit einem Tuch bedeckten Schüssel an einem warmen Platz eine Stunde gehen lassen. Den Teig teilen und in zwei backfeste Formen geben und die obere Seite der Laibe nochmals fetten. Nach 45 bis 60 Minuten bei 200°C sollte das Brot gar sein und eine knusprige Bräune haben. Die Brote stürzen und auf einem Rost abkühlen lassen.

# SQUAW-BREAD (NAVAJO)

| 500 g | Mais- oder Weizenmehl |
| 4 TL | Backpulver |
| ½ TL | Salz |
| 120 ml | lauwarmes Wasser |
| | Backfett |

Mehl, Backpulver und Salz gut vermischen und das Wasser hinzufügen. Gut kneten, so dass sich keine Luftblasen mehr im Teig befinden. Den Teig mit der Hand zu ca. 20 cm großen, flachen Fladen formen oder ausrollen und ausstechen. Die Fladen vorsichtig in eine Pfanne mit sehr heißem Fett gleiten lassen. Es sollte soviel Fett in der Pfanne sein, dass die Fladen bedeckt sind. Die Fladen goldbraun werden lassen und anschließend auf Papier trocknen. Der Teig kann auch in Form eines Bagels frittiert werden. Besonders gut schmeckt das Brot, wenn die Hälfte des Fettes aus ausgelassenem Speckfett besteht. Die Fladen oder Bagels werden mit Honig oder Butter gegessen oder als Beilage zu anderen Gerichten serviert.

# EICHELBROT (NAVAJO)

| 250 g | Eichelmehl (S. 24) |
| 125 g | Maismehl |
| 125 g | Weizenmehl |
| 3 EL | Öl |
| 1 TL | Salz |
| 1 EL | Backpulver |
| 125 ml | flüssiger Honig |
| 1 | Ei |
| 250 ml | Milch |

Eichelmehl, Maismehl, Weizenmehl, Salz und Backpulver gut vermischen. Den Honig, das Ei und die Milch vermengen und mit den trockenen Zutaten verrühren. Den Teig in eine gefettete 20 x 20 cm große Backform geben und bei gemäßigter Hitze 20 bis 30 Minuten backen.

# KÜRBISBROT (PUEBLO)

| | |
|---|---|
| 125 g | Weizenmehl |
| 125 g | Maismehl |
| 220 g | Kürbisfleisch – gekocht und püriert |
| 200 g | brauner Zucker |
| 150 g | Butter |
| 3 | Eier |
| 1 ½ TL | Backpulver |
| ½ TL | Kardamom |
| 1 TL | Zimt |
| 1 TL | Muskatnuss |
| ¼ TL | Piment |
| ½ TL | Salz |
| 150 g | Pinienkerne |

Den Backofen auf 170 – 190°C vorheizen. Das Mehl durch ein Sieb geben, den Kürbisbrei und den Zucker einrühren. Die Butter in einer Pfanne zerlassen und ebenfalls unterrühren. Die Eier verquirlen und mit den Gewürzen verrühren, bis die Masse cremig wird. Zusammen mit den Pinienkernen unter das Mehlgemisch geben. Den Teig in eine Kastenbackform füllen und ca. 50 Minuten bei gemäßigter Hitze backen.

# MESQUITE-BROT

| 250 g | Mesquitemehl oder anderes Nussmehl |
|-------|------------------------------------|
| 250 g | Weizenmehl |
| 2 TL | Backpulver |
| 2 EL | Öl |
| 200 ml | Wasser |

Die trockenen Zutaten gut vermischen, anschließend Öl und Wasser hinzufügen und die Masse solange verkneten, bis sie sich zu einem Ball formen lässt und nicht mehr an der Schüssel klebt. Den Teig zu einem Brotlaib formen und auf ein gefettetes Backblech legen. Das Brot 30 – 40 Minuten bei gemäßigter Hitze backen.
Da Mesquitemehl dazu tendiert, jede Feuchtigkeit aus der Luft aufzunehmen, kann die Menge des benötigten Wassers je nach Wetter variieren.

# BOHNEN-KÜCHLEIN

| 1 | mittlere Dose weiße oder schwarze Bohnen |
|---|-------------------------------------------|
| 200 g | Maismehl |
| 200 ml | Milch |
| 2 | Eier – verquirlt |
| 3 | Frühlingszwiebeln – in Ringe geschnitten |
| 2 TL | Salz |
| | Schweineschmalz oder Backfett |

Die Bohnen abgießen und zerdrücken. Das Maismehl mit Milch, Eiern und Salz verrühren. Die Bohnenmasse und die Zwiebeln dazugeben und vermischen. Aus der Masse kleine ca. 10 cm große Küchlein formen und im erhitzten Fett bei mittlerer Temperatur braten, bis sie goldbraun sind. Heiß mit Butter oder als Beilage zu einem anderen Gericht servieren.

# SUPPEN

# BEEREN-SUPPE

| 400 g | getrocknete Blaubeeren oder schwarze Johannisbeeren oder |
|---|---|
| 1 kg | frische Blaubeeren oder schwarze Johannisbeeren |
| 3 l | Fleischbrühe |
| 250 g | Zucker |
| 200 g | sehr kleine Fleischstückchen |
| 250 ml | Wasser – mit 60 g Mehl verrührt |

Die frischen oder eingeweichten Beeren in die Brühe geben und kochen, bis die Beeren ganz weich sind. Die Fleischstückchen vor dem Garwerden hinzugeben. Die Mischung aus Wasser und Mehl einrühren und kurz aufkochen lassen, damit die Suppe dicker wird. Vor dem Servieren den Zucker hinzufügen.
Diese Suppe wurde bei Medizinpfeifen-Zeremonien serviert. Als Beilage gab es Fladenbrot.

# PINIENKERN-SUPPE

| 500 g | ungeröstete Pinienkerne |
|---|---|
| 1 l | Milch |
| ½ l | Hühnerbrühe – frisch oder mit Bouillon-Konzentrat zubereitet |
| 5 | Frühlingszwiebeln – in Ringe geschnitten |
| 2 | Koriander-Körner |
| 2 | getrocknete Minzblätter |
| | viel Pfeffer |

Alle Zutaten in einem großen Topf zum Kochen bringen und anschließend ca. 25 Minuten köcheln lassen. Die Suppe kann heiß oder gekühlt serviert werden.

# NUSS-SUPPE

| 200 g | Nüsse oder Bucheckern – klein gehackt |
| 1 l | Rinderkraftbrühe |
| 1 | große Dose Kichererbsen ohne die Flüssigkeit |
| 2 | getrocknete Minzblätter |
| | Pfeffer nach Geschmack |

Die Brühe aufkochen und die Hitze herunter stellen. Die Nüsse, die Kichererbsen und die Minzblätter hinzufügen und ca. 15 Minuten köcheln lassen. Mit Pfeffer abschmecken und servieren.

# HASELNUSS-SUPPE

| 500 g | gemahlene Haselnüsse |
| 1 l | Fleischbouillon |
| 2 | Frühlingszwiebeln – in Ringe geschnitten |
| 2 EL | Petersilie – gehackt |
| 1 TL | Salz |
| | Pfeffer nach Geschmack |

Alle Zutaten in einem großen Topf unter gelegentlichem Umrühren ungefähr eine Stunde köcheln lassen.

# ERDNUSS-SUPPE

| 250 g | geröstete Erdnüsse – fein gehackt |
| ½ l | Hühnerbrühe |
| ½ l | Milch |
| | Salz und Pfeffer |

Erdnüsse, Brühe und Milch in einen schweren Topf geben. 5 Minuten kochen lassen, dabei umrühren. Anschließend die Hitze reduzieren und unter Rühren noch 10 Minuten köcheln lassen. Mit Salz und Pfeffer würzen.

# MAIS-SUPPE (ZUNI)

Diese Suppe wurde traditionell direkt nach der Maisernte aus dem frischen Mais zubereitet. Die erste Pflanze wurde geopfert. Danach wurde die Maissuppe gekocht, in die Mitte des Raumes gestellt und gemeinsam gegessen.

| | |
|---|---|
| 3 TL | Maiskeimöl |
| 125 g | Frühlingszwiebeln – in feine Ringe geschnitten |
| 500 g | Lammfleisch – gewürfelt |
| 1 ½ l | Fleischbrühe |
| 800 g | Maiskörner oder eine große Dose Mais ohne die Flüssigkeit |
| 2 TL | rote Chilischoten – gemahlen |
| | Salz |
| | frischer Koriander – klein gehackt |

Das Öl erhitzen und die Frühlingszwiebeln andünsten. Das Fleisch kurz im Öl anbraten, mit der Hälfte der Brühe ablöschen und bei niedriger Hitze ca. 1 Stunde köcheln lassen, bis das Fleisch zart ist. Den Mais und die restliche Brühe hinzugeben. Die Suppe mit Chili und Salz würzen und 10 Minuten kochen lassen. Vor dem Servieren mit dem Koriander bestreuen.

# MAIS-SUPPE (SIOUX)

| | |
|---|---|
| 500 g | getrocknete Maiskörner oder 1 große Dose Mais |
| 1 | großer Suppenknochen oder Suppenfleisch |
| 200 g | getrocknete Zwiebeln – in Ringe geschnitten |
| | oder |
| 1 | Gemüsezwiebel – in Ringe geschnitten |
| | Salz und Pfeffer |

Die getrockneten Maiskörner und die Zwiebeln über Nacht einweichen. Am nächsten Tag mit dem Fleisch kochen, bis die Zutaten weich sind, und nach Geschmack salzen und pfeffern. Wird Dosenmais verwendet, den Mais erst kurz vorm Garwerden hinzufügen.

# MAISCREME-SUPPE (NAVAJO)

| 250 g | Schweinfleisch – klein geschnitten |
|---|---|
| 2 EL | Öl |
| 1 | große Dose Mais |
| 1 | mittelgroße Zwiebel – gehackt |
| 250 g | weiße Rüben – gewürfelt |
| 600 ml | Hühnerbrühe |
| 150 ml | kaltes Wasser |
| 2 EL | Maismehl – ersatzweise 4 EL Weizenmehl |
| 1 l | heiße Milch |
| | Salz |
| | weitere Gewürze nach Belieben |

Das Fleisch salzen und in einem großen Topf im Fett anbräunen. Die Zwiebeln hinzufügen und ebenfalls anbräunen. Die Rüben und die Hühnerbrühe hinzufügen und 20 Minuten zugedeckt köcheln lassen. Den Mais hinzugeben und weitere 15 Minuten simmern lassen. Das Mehl und das Wasser gut miteinander verrühren, in den Topf geben und unter Umrühren aufkochen lassen. Zuletzt die heiße Milch und nach Wunsch weitere Gewürze hinzufügen und nochmals 2 Minuten köcheln lassen.

# HOMINY-SUPPE (CHICKASAW)

| 200 g | fetter Speck – fein gewürfelt |
|---|---|
| 1 | mittlere Zwiebel – klein gehackt |
| 250 g | frisches Hominy oder über Nacht eingeweichtes (S. 25) |
| ½ l | Buttermilch |
| | Salz und Pfeffer |

Den Speck in einem schweren Topf knusprig braten. Die Zwiebel im Fett dünsten, das Hominy hinzufügen und 5 Minuten unter ständigem Rühren köcheln lassen. Den Topf vom Herd nehmen und die Buttermilch langsam einrühren. Die Suppe mit Pfeffer und Salz würzen und nochmals 5 Minuten bei niedriger Hitze köcheln lassen. Die Suppe darf auf keinen Fall nochmals aufkochen!

# GEMÜSE-SUPPE

| 1 | große Zwiebel – in Ringe geschnitten |
| 3 | große Tomaten – in Scheiben geschnitten |
| 3 | Möhren – in Scheiben geschnitten |
| 250 g | frisches Hominy (S. 25) oder eine mittlere Dose Mais |
| 1 | Selleriestange – in Scheiben geschnitten |
| 1 ½ l | Wasser |
| 2 EL | Butter oder Margarine |
| | Pfeffer und Salz nach Geschmack |

Alle Zutaten in einen großen Topf geben und aufkochen. Anschließend köcheln lassen, bis das Gemüse gar ist.

# RÜBEN-SUPPE (SIOUX)

| 750 g | Rinder- oder Bisonknochen mit viel Fleisch dran |
| 1,5 l | Wasser |
| 200 g | weiße Rübe – gewürfelt |
| 200 g | Steckrübe – gewürfelt |
| 200 g | frische Maiskörner oder 1 kleine Dose Mais |
| | Salz und Pfeffer |

Alle Zutaten außer den Gewürzen in eine Topf geben, aufkochen lassen, dann bei niedriger Hitze 30 – 60 Minuten köcheln lassen, bis das Gemüse gar ist. Wird Dosenmais verwendet, den Mais erst kurz vor dem Garwerden in die Suppe geben. Das Fleisch von den Knochen schaben und zur Suppe hinzufügen. Die Suppe mit Salz und Pfeffer würzen.

# KÜRBISSUPPE

| | |
|---|---|
| 500 g | Kürbisfleisch – gekocht und püriert |
| 500 ml | Milch |
| 2 EL | Butter und Margarine |
| 2 EL | brauner Zucker |
| 2 EL | Honig |
| ½ TL | Majoran |
| ½ TL | Zimt |
| ½ TL | Muskatnuss |
| | Pfeffer und Salz nach Geschmack |

Die Milch in einer schweren Kasserolle erwärmen und die Butter einrühren. Den Kürbismus und den Honig hinzufügen. Den Zucker mit den Gewürzen vermischen und unterrühren. Die Suppe langsam erhitzen, aber nicht aufkochen lassen.

# SCHWARZE BOHNEN-SUPPE

| | |
|---|---|
| 1 | große Dose schwarze Bohnen |
| 100 ml | Öl |
| 250 g | Porree – in Scheiben geschnitten |
| 2 | Knoblauchzehen – gepresst |
| 250 ml | Wasser |
| | Salz und Pfeffer nach Geschmack |

Das Öl erhitzen, den Porree und den Knoblauch darin dünsten. Die Hälfte der Bohnen mit einer Gabel zerdrücken und zum Porree geben. Die restlichen Bohnen mit der Dosenflüssigkeit und das Wasser hinzufügen. Ca. 20 Minuten köcheln lassen, dabei gelegentlich umrühren.

# BOHNEN-SUPPE (HOPI)

| | |
|---|---|
| 500 g | Kidneybohnen |
| 3 ½ l | Wasser |
| 1 | großer Fleischknochen von Rind, Schwein, Wild oder Schaf mit möglichst vielen Fleischresten daran |
| 1 | Gemüsezwiebel – geachtelt |
| 1 | Knoblauchzehe – gepresst |
| | Salz und Pfeffer nach Geschmack |

Alle Zutaten in einen großen Topf geben und 3 – 4 Stunden köcheln lassen, bzw. bis sich das Fleisch leicht vom Knochen lösen lässt und die Bohnen gar sind. Den Knochen herausnehmen, das Fleisch in kleine Stücke schneiden und vor dem Servieren in die Suppe geben.

# TOMATEN-SUPPE (PUEBLO)

| | |
|---|---|
| 2 l | Hühnerbrühe |
| 2 kg | Tomaten – in große Stücke geschnitten |
| 1 | großer Apfel – geschält und in Stücke geschnitten |
| 2 | mittelgroße Zwiebeln – in Scheiben geschnitten |
| 2 EL | frischer Dill – gehackt |
| 2 | Lorbeerblätter |
| 1 TL | Salz |

Alle Zutaten in einen großen Topf geben, aufkochen lassen. Anschließend 30 – 40 Minuten köcheln lassen. Die Suppe kann heiß oder gekühlt serviert werden.

# FISCH-SUPPE

500 g    Fisch – was immer gefangen wurde
1 l    Wasser
200 g    Spinatblätter
      Salz und Pfeffer nach Geschmack

Den Fisch mit Wasser, Salz und Pfeffer in einen Topf geben und köcheln lassen, bis er gar ist. Den Fisch aus der Suppe nehmen, die Gräten entfernen und das Fischfleisch in kleinen Stücken in die Suppe zurückgeben. Den Spinat zur Suppe hinzufügen und nochmals 5 Minuten köcheln lassen.

# FLEISCH-SUPPE MIT BEEREN (BLACKFOOT)

750 g    Rind- oder Bisonfleisch – gewürfelt
1 l    Fleischbrühe
3 EL    Schmalz oder Pflanzenöl
150 g    Frühlingszwiebeln – in Ringe geschnitten
150 g    frische Blaubeeren oder Brombeeren
1 EL    Honig
      Salz und Pfeffer nach Geschmack

Das Fleisch im Fett anbräunen. Brühe, Frühlingszwiebeln, Beeren und Honig hinzufügen. Alles ungefähr eine Stunde köcheln lassen, bis das Fleisch zart ist. Mit Salz und Pfeffer würzen.

# HÜHNER- ODER KANINCHEN-SUPPE

| | |
|---|---|
| 1 ½ kg | Hühner- oder Kaninchenteile |
| 2 ½ l | Wasser |
| 1 | große Zwiebel – klein gehackt |
| 150 g | Pecan-Nüsse – klein gehackt |
| 1 EL | Dill – gehackt |
| | Salz und Pfeffer |

Die Hühner- oder Kaninchenteile mit dem Wasser und der Zwiebel in einen Topf geben und aufkochen lassen. Bei niedriger Hitze anschließend 2 – 3 Stunden köcheln lassen. Das Fleisch aus dem Topf nehmen, vom Knochen lösen und in kleine Stücke schneiden. Mit den Pecan-Nüssen in die Suppe geben und nochmals ca. 10 Minuten simmern lassen. Mit Salz, Pfeffer und Dill würzen.

# LAMM-SUPPE (NAVAJO)

| | |
|---|---|
| 1 | in Stücke gehackter Lammknochen mit viel anhaftendem Fleisch |
| 350 g | getrocknete Pintobohnen – über Nacht einweichen |
| 1 | mittelgroße Zwiebel – klein gehackt |
| 2 | zerstoßene Pfefferkörner |
| 1 TL | Koriander |
| 1 | Knoblauchzehe – fein gehackt |
| 1 | Chilischote – in Scheiben geschnitten oder 1 EL Chilipulver |
| 2 ½ l | Wasser |
| | Salz und Pfeffer nach Geschmack |

Alle Zutaten bis auf Salz und Pfeffer in einem großen Topf zum Kochen bringen und bei gemäßigter Hitze 2 – 3 Stunden köcheln lassen oder bis die Bohnen gar sind. Die Knochen aus der Suppe heraus nehmen, das Fleisch vom Knochen entfernen, in kleine Stücke schneiden und in die Suppe zurückgeben. Die Suppe vor dem Servieren mit Salz und Pfeffer nach Geschmack würzen.

# GEMÜSEGERICHTE

# MAISKOLBEN VOM GRILL

| | |
|---|---|
| 1 | Kolben Mais mit Blättern |
| 1 TL | Butter |
| 1 TL | Dill – klein geschnitten |
| 1 Prise | Korianderpulver – nicht zwingend erforderlich |

Die Blätter aufklappen und die dünnen, seidigen Härchen entfernen. Die Kolben anschließend eine Stunde in kaltes Wasser legen. Die Butter mit den Gewürzen verkneten und die abgetropften Maiskolben mit der Butter bestreichen. Die Blätter wieder darüber klappen und die Kolben in Alufolie wickeln. Etwa 10 Zentimeter über der Holzkohleglut ca. 25 Minuten rösten und dabei mehrmals wenden. Erst vor dem Essen Folie und Blätter entfernen.

# MAISBREI MIT FLEISCH

| | |
|---|---|
| 150 g | Schweinefleisch – sehr klein gewürfelt |
| 2 | mittelgroße Zwiebeln – gehackt |
| 1 EL | Margarine oder Butter |
| 1 l | Fleischbrühe |
| 250 g | Maismehl |
| 250 g | Dosenmais ohne Flüssigkeit |
| | Salz und Pfeffer |

Die Zwiebeln in der Butter andünsten und beiseite stellen. Die Fleischbrühe in einem Topf zum Kochen bringen. Das Maismehl unter ständigem Rühren hinzufügen und ca. 10 Minuten weiter köcheln lassen, bis die Masse breiig wird. Die Maiskörner, das Fleisch und die Zwiebeln in den Brei einrühren und mit Pfeffer und Salz abschmecken. Nochmals 15 – 20 Minuten weiter köcheln lassen.

# MAIS-KÜRBIS-GEMÜSE (PUEBLO)

| | |
|---|---|
| 300 g | Maiskerne oder eine mittelgroße Dose Mais |
| 1 | Zwiebel – klein gehackt |
| 1 | Knoblauchzehe – gepresst |
| 250 g | Kürbisfleisch – gewürfelt |
| 2 | Tomaten – grob gewürfelt |
| 50 g | geriebener Käse |

Den Mais, die Zwiebel und den Knoblauch in einen Topf geben und etwas Wasser hinzufügen. 5 Minuten lang kochen lassen, den Kürbis unterrühren und 10 Minuten weiter kochen lassen. Die Tomaten hinzufügen und nur so lange köcheln lassen, bis sie warm, aber nicht matschig sind. Den Käse einrühren und servieren.

# KÜRBISBREI (APACHE)

| | |
|---|---|
| | Kürbisfleisch |
| 2 – 3 EL | gemahlene Sonnenblumenkerne je 250 g Kürbis |
| | – wenn nicht verfügbar Maismehl |
| 2 EL | Butter oder Margarine je 250 g Kürbis |
| | Salz nach Geschmack |

Das Kürbisfleisch kochen, bis es weich ist. Danach zu Brei verarbeiten, die restlichen Zutaten unterrühren und servieren.

# GEBRATENER KÜRBIS (APACHE)

| | |
|---|---|
| | Kürbis – in 1 cm dicke Scheiben geschnitten |
| | Öl zum Braten |

Die Kürbisscheiben in Öl braten, bis sie weich sind.

# GEBACKENE KÜRBISBLÜTEN (HOPI)

| 24 | Kürbisblüten – möglichst männliche, da diese größer sind |
|---|---|
| 300 g | Maismehl |
| 4 | Eier |
| 100 ml | Milch |
| 1 TL | Chilipulver |
| 1 TL | Salz |
| ¼ TL | gemahlener Kreuzkümmel |
| | Öl zum Frittieren |

Eier, Milch, Chilipulver, Kreuzkümmel und Salz miteinander verquirlen. Die trockenen Blüten in die Eiermixtur tauchen und mit dem Maismehl überziehen. Öl in einem Topf oder einer Friteuse auf ca. 180°C erhitzen. Die Blüten einzeln oder zu zweit, je nach Größe des Topfes, goldgelb ausbacken. Auf Küchenpapier abtropfen lassen und im Backofen warm halten, bis alle Blüten fertig sind.

# GEDÜNSTETE MÖHREN (PUEBLO)

| 1 kg | Möhren – geraspelt |
|---|---|
| 100 g | Butter oder Margarine |
| 1 EL | brauner Zucker |
| 120 ml | Orangensaft |
| | Salz nach Geschmack |

Die Butter in einer großen Pfanne zerlassen. Die Möhren und den Zucker hinzugeben und bei mittlerer Hitze dünsten. Dabei mehrmals umrühren. Den Orangensaft hinzugeben und die Möhren ohne Deckel noch ca. 5 Minuten garen lassen, bis sie gerade noch knackig sind. Nach Bedarf salzen.

# GEBACKENE MÖHREN (NAVAJO)

10      mittelgroße Möhren
          Butter oder Margarine
          Salz und Pfeffer

Die Möhren in eine gefettete Auflaufform legen und von oben buttern, pfeffern und salzen. Die Auflaufform mit Alufolie bedecken und die Möhren ca. 60 Minuten oder bis sie weich sind, bei mittlerer Hitze im Ofen backen.

# GEBACKENE GURKEN (PUEBLO)

2        Gurken
3 EL    Butter oder Margarine
2        Frühlingszwiebeln – in kleine Ringe geschnitten
        Salz und Pfeffer

Die Gurken einmal längs und einmal quer durchschneiden und in eine gefettete Auflaufform legen. Die Zwiebeln über den Gurken verteilen und salzen und pfeffern. Im Ofen ca. 30 – 40 Minuten bei starker Hitze mit Alufolie abgedeckt backen.

# PORREE-KARTOFFEL-EINTOPF

10      mittelgroße Frühkartoffeln – gewürfelt
3       große Porreestangen – in Ringe geschnitten
300 g  gestreifter Speck – gewürfelt
½ l     Wasser
½ TL   Salz
       viel Pfeffer

Alle Zutaten in einen großen Topf geben, einmal aufkochen und anschließend köcheln lassen, bis die Kartoffeln gar sind.

# SÜßKARTOFFELN IN AHORNSIRUP

| 800 g | Süßkartoffeln |
| 125 g | brauner Zucker |
| 125 ml | Ahornsirup |
| 2 EL | Butter |
| ¼ TL | Zimt |
| ¼ TL | Salz |

Die Kartoffeln fast gar kochen und in kleine Stücke schneiden. Den Back-ofen auf niedrige Hitze vorheizen und die Kartoffeln in eine gebutterte Auf-laufform geben. In einem anderen Topf die restlichen Zutaten bei mittlerer Hitze unter gelegentlichem Umrühren zum Kochen bringen. Die Sauce über die Kartoffeln gießen und die Auflaufform für ca. 35 Minuten bei 175°C in den Backofen schieben. In der Auflaufform servieren.

# SÜßKARTOFFEL-BROT (CADDO)

| 3 | große Süßkartoffeln |
| 250 g | Maisgrieß |
| 250 g | Mehl |
| 1 TL | Backpulver |
| 1 ½ TL | Salz |
| 2 EL | Honig |
| 2 EL | Butter |
| 300 ml | Milch |
| 2 | Eier – verquirlt |

Die Kartoffeln fast gar kochen, in kleine Würfel schneiden und beiseite stellen. Alle anderen Zutaten bis auf die Eier miteinander verrühren. Die Eier hinzufügen. Die Kartoffeln vorsichtig unterrühren, damit sie nicht zer-matschen. Die Masse in eine gefettete Backform von ca. 20 x 20 cm fül-len. Im Backofen bei mittlerer bis starker Hitze ca. 60 Minuten backen. Zu Fleischgerichten servieren.

# SÜßKARTOFFEL-FLADEN

| 1 kg | gekochte Süßkartoffeln |
| 3 | Eier |
| 150 g | Mehl |
| | Salz und Pfeffer nach Geschmack |
| | Schweineschmalz oder anderes Backfett |

Die Kartoffeln zerdrücken und mit Eiern, Mehl und den Gewürzen vermischen. Das Fett in einer Pfanne erhitzen und mit einem großen Löffel die Masse portionsweise in das heiße Fett geben und flach drücken. Von beiden Seiten goldbraun braten und heiß mit Butter oder Honig servieren.

# FRITTIERTE EIERFRÜCHTE

| 1 | Eierfrucht (Aubergine) von ca. 500 g – 750 g |
| 250 g | Mehl |
| 1 TL | Backpulver |
| 1 TL | Salz |
| 1 TL | Kreuzkümmel |
| 2 TL | Curry |
| 250 ml | Milch |
| 1 | Ei |
| | Öl zum Braten |

Die Eierfrucht in Scheiben schneiden. Die anderen Zutaten außer dem Öl gut vermischen, bis ein glatter Teig entsteht. Die Eierfruchtscheiben darin umdrehen und abtropfen lassen. In eine Pfanne soviel Öl geben, dass es den Boden 2,5 cm hoch bedeckt. Das Öl erhitzen und die Eierfruchtscheiben von beiden Seiten goldbraun braten. Abtropfen lassen und servieren.

# NUSS-REIS

| 350 g | Wildreis oder Langkornreis |
|-------|----------------------------|
| 450 ml | Hühnerbrühe |
| 130 g | Butter oder Margarine |
| 1 | mittelgroße Zwiebel – klein gehackt |
| ½ TL | Salz |
| ½ TL | Piment |
| 100 g | Pecan-Nüsse oder Walnüsse – klein gehackt |
| | Pfeffer nach Geschmack |

Die Hühnerbrühe zum Kochen bringen. Derweil die Butter in einer Kasserolle erhitzen und Zwiebeln und Reis hinzufügen. Wenn die Zwiebeln goldgelb sind, die Gewürze untermengen. Die heiße Brühe zum Reis geben. Zugedeckt 30 – 40 Minuten köcheln lassen oder bis die Flüssigkeit aufgesaugt und der Reis weich ist. Die Nüsse in den Reis einrühren und servieren.

# LÖWENZAHN-SALAT

| 500 g | junge Löwenzahnblätter |
|-------|------------------------|
| 100 g | fetter Speck – gewürfelt |
| 100 ml | Milch |
| 3 | Eier – hart gekocht und zerhackt |
| | Salz und Pfeffer |

Die Löwenzahnblätter in mundgroße Stücke schneiden und in eine Schüssel geben. Den Speck in einer kleinen Pfanne kross anbraten. Milch, Pfeffer und Salz hinzufügen und verrühren. Die Eier über den Löwenzahnblättern verteilen. Die Specksauce über den Salat gießen und vorsichtig umrühren.

# KICHERERBSEN

| 500 g | getrocknete Kichererbsen |
|---|---|
| 1 ½ l | Wasser |
| 2 TL | Salz |
| 80 g | Butter oder Margarine |
| 2 | Zwiebeln – klein gehackt |
| 1 ½ TL | Kreuzkümmel |
| ½ TL | Ingwer |
| ¼ TL | getrocknete Minze oder 6 frische Blätter |
| ½ TL | scharfes Chilipulver |
| 2 | Tomaten – in kleine Stücke geschnitten |
| 350 ml | Rinderbouillon |

Die Erbsen über Nacht einweichen oder zwei Minuten aufkochen lassen und dann 1 – 2 Stunden ziehen lassen. Die Erbsen zum Kochen bringen und 30 Minuten oder bis sie weich sind köcheln lassen. Die Erbsen trocknen und die Flüssigkeit aufbewahren. In einem Topf die Butter erhitzen und die Zwiebeln im Fett anbräunen. Die Gewürze und die Tomaten hinzufügen und 10 Minuten köcheln lassen. Die Erbsen hinzugeben und mit der Rinderbouillon aufgießen. Von der Brühe, in der die Erbsen gekocht wurden, soviel hinzufügen, dass die Erbsen vollkommen bedeckt sind. Zugedeckt weitere 20 Minuten simmern lassen.

# TOMATEN-FLADEN (ZUNI)

| 1 kg | grüne oder rote Tomaten – gewürfelt |
|---|---|
| 4 | Frühlingszwiebeln – in dünne Ringe geschnitten |
| 250 g | Maismehl |
| | Salz und Pfeffer |
| | Backfett – vorzugsweise Schweineschmalz |

Die Tomatenstücke und die Zwiebeln mit Salz und Pfeffer würzen und mit dem Maismehl gut vermischen. Aus der Masse Fladen formen. Das Fett erhitzen und die Fladen von beiden Seiten braten, bis sie eine schöne braune Farbe haben.

# GRÜNE TOMATEN (PUEBLO)

1 kg      grüne Tomaten – in dicke Scheiben geschnitten
4      Eier – verquirlt
300 g      Maisgrieß
200 ml      Wasser
2      Frühlingszwiebeln – sehr klein gehackt
     Pfeffer und Salz nach Geschmack
     Butter oder Margarine zum Braten

Eier, Maisgrieß, Zwiebeln, Pfeffer und Salz zu einem Teig verarbeiten. Die Tomatenscheiben im Teig wenden und in der Butter von beiden Seiten braten.


# GEBACKENE PILZE

500 g      große Champignons oder andere Pilze
     Butter oder Margarine
     Salz und Pfeffer

Die Stiele der Champignons abschneiden. Die Hüte mit der Lamellenseite nach oben in eine gefettete Auflaufform legen. In jeden Hut ein kleines Stück Butter geben und pfeffern und salzen. Die Stiele daneben in die Form legen. Im Backofen bei gemäßigter Hitze ca. 30 Minuten backen.


# WILDPILZE (PLAINS)

350 g      Wildpilze (Pfifferlinge, Hallimasch, Morchel oder was da ist)
4      Scheiben geräucherter Bauchspeck
2      Frühlingszwiebeln – in Ringe geschnitten
     Salz und Pfeffer

Die Pilze in Scheiben schneiden. Den Speck bei mittlerer Hitze auslassen, klein hacken und beiseite stellen. Die Temperatur hoch stellen und Pilze und Zwiebeln braten, bis sie gar sind. Die Speckstücke hinzufügen, mit Salz und Pfeffer würzen und verrühren.

# KLÖßE UND EIERGERICHTE

## MAISKLÖßE (NAVAJO)

| 400 g | frische Maiskörner oder eine mittlere Dose Mais |
|---|---|
| 130 g | Weizenmehl |
| 4 EL | Maismehl |
| 2 TL | Backpulver |
| 1 TL | Salz |
| 4 EL | weiche Butter |
| 1 – 2 EL | Milch |

Die Maiskörner in einer Schüssel zerquetschen, Weizen-, Maismehl sowie Salz hinzugeben. So viel Milch hinzufügen, dass ein geschmeidiger Teig entsteht. Den Teig esslöffelweise in den jeweiligen Eintopf oder einen Topf mit Fleischbrühe gleiten lassen und darin 20 Minuten garen.

## MAISKLÖßE (PUEBLO)

| 1 | mittlere Dose Mais |
|---|---|
| 250 g | Mehl |
| 3 EL | Maisgrieß |
| 1 TL | Backpulver |
| | Salz nach Geschmack |
| | Wasser |

Alle Zutaten gut vermischen, nur so viel Wasser hinzufügen, dass ein fester Teig entsteht. Mit einem Esslöffel den Teig portionsweise in den Eintopf oder die Suppe für die die Klöße vorgesehen sind, gleiten lassen, und 10 – 15 Minuten mitkochen lassen.

# MEHLKLÖßE

| 200 g | Mehl |
|---|---|
| 2 TL | Backpulver |
| ½ TL | Salz |
| 1 | Ei |
| 120 ml | Milch |

Das Mehl gut mit dem Backpulver und dem Salz vermischen. Das Ei und die Milch miteinander verquirlen. Die trockene Mischung langsam unter Rühren hinzufügen. Den Teig esslöffelweise in kochendes Wasser oder den jeweiligen Eintopf gleiten lassen und 15 Minuten lang mitkochen.

# EICHEL- ODER NUSSKLÖßCHEN

| 60 g | Eichelmehl (S. 26) oder gemahlene Haselnüsse |
|---|---|
| 60 g | Weizenvollkornmehl |
| 1 ½ TL | Backpulver |
| 1 | Ei – verquirlt |
| 2 EL | Milch |
| 2 EL | Pflanzenöl |

Die Zutaten in eine Schüssel geben und mit einem Schneebesen verrühren. Die Mischung esslöffelweise in den jeweiligen Eintopf oder die Suppe geben und darin ca. 12 – 15 Minuten mitgaren lassen.

# EIER-ZWIEBEL-PFANNE (PLAINS)

| | |
|---|---|
| 8 | Eier |
| 4 | Scheiben gestreifter Speck – in schmale Streifen geschnitten |
| 6 | Frühlingszwiebeln – in Ringe geschnittene |
| 2 EL | frische Petersilie – gehackt |
| | Pfeffer und Salz nach Geschmack |

Den Speck in einer großen, schweren Pfanne anbraten. Die Frühlingszwiebeln und die Petersilie hinzufügen. Die Eier aufschlagen, in die Pfanne geben und umrühren. Pfeffern und salzen. Servieren, wenn die Masse gestockt ist.

# HOMINY-EIER

| | |
|---|---|
| 500 g | frisches Hominy (S. 25) oder ersatzweise Dosenmais |
| 4 | Eier – verquirlt |
| | Schmalz, Butter oder Öl |
| | Salz und Pfeffer |

Das Hominy in dem Fett in einer Pfanne anbräunen. Die geschlagenen Eier mit Pfeffer und Salz würzen und zu dem Hominy hinzufügen. Die Masse stocken und bräunen lassen.

# BISON, RIND, SCHWEIN

# UND LAMM

# DÖRRFLEISCH-EINTOPF (PLAINS)

| | |
|---|---|
| 500 g | Dörrfleisch (Jerky – S. 22) vom Rind oder Bison |
| 350 g | getrocknetes Hominy (S. 25) oder |
| 600 g | frisches Hominy (S. 25) |
| 4 | Frühlingszwiebeln – klein gehackt |
| 450 g | Frühkartoffeln – gewürfelt |
| 1 TL | getrockneter Salbei |
| | Salz und Pfeffer |

Dörrfleisch (mindestens 8 Stunden einweichen), Hominy und Frühlings-zwiebeln in einen großen Topf geben und mit Wasser bedecken. Zuge-deckt etwa 2 Stunden bei niedriger Temperatur köcheln lassen. Die Kartof-feln hinzufügen und den Eintopf mit Salbei, Salz und Pfeffer würzen. Wei-tere 30 – 40 Minuten simmern lassen, bis die Kartoffeln gar sind. Bei Be-darf kann weiteres Wasser zugegeben werden.


# BISONBRATEN MIT FRÜCHTEN

| | |
|---|---|
| 1 – 2 kg | Bisonbraten oder ersatzweise Rinderbraten |
| 100 g | getrocknete Aprikosen |
| 100 g | getrocknete Pflaumen |
| 250 ml | Apfelsaft |
| 2 EL | Zucker |
| ¼ TL | Zimt |
| ¼ TL | Ingwer |
| 3 | ganze Gewürznelken |
| 1 | mittelgroße Zwiebel – in Ringe geschnitten |
| | Bratenfett |
| | Salz und Pfeffer |
| | Mais- oder Weizenmehl |

Die Trockenfrüchte ein paar Stunden einweichen. Den Braten pfeffern, sal-zen und in heißem Fett anbraten, so dass er von allen Seiten braun ist. Zu-cker, Zimt, Ingwer und die Gewürznelken in den Apfelsaft einrühren und über das Fleisch gießen. Die Zwiebeln hinzufügen. Aufkochen an anschlie-ßend ca. 2 Stunden zugedeckt köcheln lassen. Die abgetrockneten Früchte zum Braten geben und nochmals 30 Minuten köcheln lassen. Die Sauce mit Mehl andicken.

# BISON-ZUNGE

| 1 | mittelgroße Bison- oder Rinderzunge |
| 1 l | Wasser |
| 1 | mittelgroße Zwiebel – gehackt |
| 1 | handvoll Pfefferminzblätter |
| 2 TL | Salz |
| 250 ml | Apfelessig |

Die gesäuberte Zunge mit den andern Zutaten in einen gusseisernen Topf geben und 3 - 4 Stunden lang köcheln lassen. Pro Pfund sollte 1 Stunde gerechnet werden. Wenn die Zunge gar ist, kurz in kaltes Wasser legen und die Haut abziehen. Die Zunge in Scheiben geschnitten servieren.

# RINDERBRATEN (PUEBLO)

| 1 kg | Rinderbraten |
| 350 g | getrocknete Kichererbsen – über Nacht einweichen |
| ½ l | Wasser |
| 80 g | Mehl |
| 4 | Scheiben geräucherter Bauchspeck – klein geschnitten |
| 4 | Zwiebeln – klein gehackt |
| 2 | Knoblauchzehen – fein gehackt |
| 2 | große Tomaten – in kleine Stücke geschnitten |
| 250 g | milde grüne Chilischoten – klein gehackt |
| 1 - 2 | frische oder eingelegte Jalapeños – klein gehackt |
| 1 TL | Kreuzkümmelpulver |
| ½ TL | Oregano |
| | Salz und Pfeffer |

Den Speck mit Zwiebeln und Knoblauch in einem großen Topf anbraten und herausnehmen. Das im Mehl gewälzte Fleisch in dem Topf im zurückgebliebenen Fett von allen Seiten anbraten. Die Speckmischung in den Topf zurückgeben und Tomaten, Chili, Gewürze und das Wasser hinzufügen. Zugedeckt bei niedriger Temperatur 1½ Stunden schmoren lassen. Die Erbsen hinzufügen und alles eine weitere Stunde köcheln lassen oder bis Fleisch und Gemüse zart sind.

# RINDFLEISCH-CHILI (PUEBLO)

| 500 g | Rindfleisch – gewürfelt |
| | Wasser |
| 3 EL | Öl |
| 3 EL | Chilipulver oder |
| 150 g | rote Chilischoten – entkernt und in Scheiben geschnitten |
| 1 TL | Salz |
| 1 TL | Oregano |
| 1 | Knoblauchzehe – gepresst |
| 3 | große Tomaten – gestückelt |

Das Fleisch in wenig Wasser fast gar kochen. Aus dem Wasser herausnehmen und in einem Topf im Öl anbraten. Die anderen Zutaten und ein
wenig von der Fleischbrühe hinzufügen und alles ca. 30 Minuten köcheln
lassen.

# FLEISCHBROT IN MAISBLÄTTERN

| 5 | Maiskolben |
| 400 g | Rauchfleisch – klein gehackt |
| 60 g | grüne Chilischoten – entkernt und gehackt |
| 1 | Ei – verquirlt |
| | Maiskolbenblätter |

Den Backofen auf gemäßigte Hitze vorheizen. Den Mais vom Kolben schaben und zerdrücken. Das Fleisch, die Chilischoten und das Ei dazugeben
und gut vermischen. Die Maisblätter nebeneinander auf eine Fläche von
20 x 30 cm auslegen, so dass sich die einzelnen Blätter überlappen. Den
Maisteig in die Mitte geben und zu einem Laib formen. Die Blätter darüber
zusammenfalten und den Laib in eine Alufolie wickeln. Auf einem Backblech 60 – 75 Minuten backen, bis das Brot sich fest anfühlt. Nach dem
Auswickeln kann das Brot in Scheiben geschnitten und serviert werden.

# RINDERGEHACKTES MIT GRÜNEM CHILI (PUEBLO)

1 kg     Rindergehacktes
1        große Zwiebel – gehackt
        Öl
5        mittelgroße Kartoffeln – in Scheiben geschnitten
5        große grüne Chilischoten – entkernt und klein gehackt
        Salz

Das Öl erhitzen, die Zwiebeln und das Fleisch langsam darin anbraten. Überschüssiges Fett abgießen. Die restlichen Zutaten hinzufügen und alles vermischen. Dem Gericht etwas Wasser hinzufügen und zugedeckt ca. 30 Minuten köcheln lassen bzw. bis die Kartoffeln gar sind.


# HACKFLEISCH IM KÜRBIS

1        Kürbis von ca. 2 kg
500 g    Hackfleisch vom Rind oder Hirsch
1        große Zwiebel – klein gehackt
150 g    Wildreis – gekocht
3        Eier – verquirlt
2 TL     Salz
½ TL     Senfpulver
2 EL     Pflanzenöl oder ausgelassener Speck
1 TL     Salbeipulver
¼ TL     Pfeffer

Den Backofen auf gemäßigte Hitze vorheizen. Vom Kürbis einen Deckel abschneiden und alle Fasern und Kerne aus dem Inneren entfernen. Den Innenraum mit einem Teelöffel Salz und dem Senfpulver ausreiben. Das Öl in einer großen Pfanne erhitzen und die Zwiebeln und das Fleisch darin anbräunen. Mit dem Reis, den Eiern, dem zweiten Teelöffel Salz, Salbei und Pfeffer vermischen. Diese Mischung in den Kürbis füllen. Den Kürbis in eine flache Auflaufform stellen, die 1 cm hoch mit Wasser gefüllt ist und bei gemäßigter Hitze ca. 90 Minuten oder bis das Kürbisfleisch gar ist im Backofen backen. Bei Bedarf weiteres Wasser in die Form geben, damit der Kürbis nicht ansetzt. Zum Servieren wird der Kürbis aufgeschnitten wie eine Torte.

# SCHWEINEBRATEN (NAVAJO)

| | |
|---|---|
| 2 kg | Schweinebraten mit Kruste |
| 6 EL | Schweineschmalz oder Pflanzenöl |
| 3 | Zwiebeln – klein gehackt |
| 3 | Knoblauchzehen – feingehackt |
| 4 | getrocknete Wacholderbeeren – zerdrückt |
| ½ TL | Koriander |
| 1 | Lorbeerblatt |
| 4 | große Tomaten – geviertelt |
| 300 ml | Wasser |
| 150 ml | Apfelessig |
| 100 ml | Honig |
| 2 EL | Chilipulver |
| 2 TL | Salz |
| 30 g | Bitterschokolade – geraspelt |

Das Fleisch mit der Schwarte nach oben bei gemäßigter Hitze für ca. 3 Stunden in einem Bräter in den Backofen geben. Gelegentlich mit der Bratensauce einpinseln. Das Schmalz in einem Topf erhitzen und die Zwiebeln darin weich dünsten. Knoblauch, Wacholderbeeren, Koriander und das Lorbeerblatt dazu geben und weitere 3 Minuten dünsten. Tomaten, Wasser, Essig, Honig, Chili und Salz hinzufügen. Alles 30 Minuten ohne Deckel köcheln lassen. Die Schokolade einrühren und nochmals 20 Minuten simmern lassen, bis die Sauce eingedickt ist. Den Braten vor dem Servieren 10 Minuten ruhen lassen, damit der Saft ablaufen kann. Anschließend aufschneiden und mit der Sauce servieren.


# SCHWEINEFLEISCH-MAIS-EINTOPF (NAVAJO)

| | |
|---|---|
| 1 ½ kg | Schweineschulter |
| 500 g | frische Maiskörner |
| 80 g | geröstete, milde grüne Chilischoten – klein gehackt |
| 1 – 3 | Jalapeños (frisch oder eingelegt) – entkernt und klein gehackt |
| 1 | mittelgroße Zwiebel – klein gehackt |
| 2 | Knoblauchzehen – gehackt |
| 1 | große Tomate – gestückelt |
| 2 TL | Oregano |
| | Salz |

Alle Zutaten in einen großen Topf geben und soviel Wasser zugeben, dass die Zutaten bedeckt sind. Das Ganze zugedeckt 2 Stunden köcheln lassen. Das Fleisch herausnehmen und in Stücke schneiden und wieder in den Topf zurückgeben. Mit Salz und Oregano würzen. Nochmals ca. 1 Stunde köcheln lassen.

## FLEISCH-MAIS-EINTOPF (PAPAGO)

| | |
|---|---|
| 500 g | Rind-, Schweine- oder Lammfleisch – klein geschnitten |
| ½ l | Fleischbrühe |
| 3 | große Kartoffeln – in 1,5 x 1,5 cm große Würfel geschnitten |
| 3 | große Zwiebeln – fein gehackt |
| 1 | große Dose Mais |
| ¼ l | Milch |
| 2 EL | Butter |
| | Maismehl |
| | Pfeffer und Salz |

Die Zwiebeln in der Butter anbräunen, anschließend das Fleisch hinzugeben. Das Maismehl darüber streuen und verrühren. Unter weiterem Rühren die Fleischbrühe, die Milch, die Dosenflüssigkeit vom Mais und die Kartoffeln hinzufügen. Mit Pfeffer und Salz abschmecken. Den Eintopf unter gelegentlichem Umrühren bei niedriger Hitze ca. 30 – 40 Minuten köcheln lassen. Anschließend den Mais einrühren und die Sauce falls nötig, mit Maismehl nach persönlichem Geschmack andicken.

# LAMM-EINTOPF (NAVAJO)

| | |
|---|---|
| 1 kg | Lammfleisch – gewürfelt |
| 6 EL | Pflanzenöl |
| 1 | große Zwiebel – gehackt |
| 2 | Knoblauchzehen – fein gehackt |
| 3 EL | Chilipulver |
| 3 | große Tomaten – enthäutet und in Würfel geschnitten |
| 350 g | gekochte Pintobohnen oder eine mittlere Dose |
| 2 | große Kartoffeln – geschält und gewürfelt |
| 800 ml | Wasser |
| | Salz und Pfeffer |
| | Maisklößchen (S. 56) |

Das Öl in einer großen, schweren Pfanne erhitzen. Das Fleisch im Öl bei mittlerer Temperatur anbräunen lassen, aus der Pfanne nehmen und beiseite legen. Die Zwiebeln und den Knoblauch in der Pfanne glasig werden lassen, anschließend das Fleisch in die Pfanne zurücklegen und die restlichen Zutaten, außer den Klößchen, hinzufügen. Bei gemäßigter Temperatur ca. 2 Stunden köcheln lassen oder bis das Fleisch fast gar ist. Die Maisklößchen hinzufügen und nochmals 20 Minuten weiter garen lassen.

# LAMMFLEISCHBROT (NAVAJO)

| | |
|---|---|
| 500 g | Lammfleischgehacktes |
| 2 | große Tomaten – in kleine Stücke geschnitten |
| 250 g | Weißbrot – gewürfelt |
| 1 | Zwiebel – gehackt |
| 1 TL | Oregano |
| | Salz und Pfeffer |

Alle Zutaten gut vermischen und mit Salz und Pfeffer abschmecken. Die Masse in eine gefettete Kastenbackform geben und im Backofen bei mittlerer bis starker Hitze ca. 40 Minuten lang backen.

# WILD

# WILD-SALAMI

| 500 g | Wildfleischhack – ersatzweise Rinderhack |
|-------|-------------------------------------------|
| 100 g | fetter Speck – in winzige Stücke geschnitten |
| ½ TL | schwarzer Pfeffer |
| ½ TL | Senfpulver |
| ½ TL | Selleriepulver |
| 2 TL | Hickorysalz |
| ½ TL | Knoblauchpulver |
| 1 TL | Salz |

Alles gut verkneten und 24 Stunden in den Kühlschrank stellen. Ein weiteres Mal durchkneten und 24 Stunden in den Kühlschrank stellen. Den Vorgang noch zweimal wiederholen und dann das Fleisch zu Wurstrollen formen. In eine flache Pfanne legen und 8 Stunden lang bei 65°C backen. Die Wurst soll während des Backvorgangs trocknen. Soll sie nicht sofort verbraucht werden, kann man sie auch einfrieren.

# WILD-CHILI

| 1 kg | Wildfleischhack |
|------|-----------------|
| 500 g | Kidneybohnen – über Nacht einweichen |
| 5 | Knoblauchzehen – klein gehackt |
| 3 EL | Chilipulver |
| 2 EL | Paprikapulver |
| ½ EL | Cumin |
| 1 EL | weißer Pfeffer |
| 1 l | Wasser |
| | Fett zum Braten |

Das Fleisch in einem schweren Topf im heißen Fett anbraten. Die Gewürze hinzufügen und umrühren. Wasser eingießen, nochmals umrühren und bei niedriger Temperatur ca. 3 Stunden unter gelegentlichem Umrühren simmern lassen. Falls mehr Wasser nötig ist, in kleinen Mengen hinzufügen.

# WILD-HACKBÄLLCHEN

750 g   Wildfleischhack – ersatzweise Rinderhack
500 g   Kartoffeln – gerieben
1       kleine Zwiebel – fein gehackt
1½ TL   Salz
¼ TL    Pfeffer
1       Ei
125 ml  Milch
125 g   Butter
750 ml  Wasser
2 – 3 EL Mehl
250 ml  Saure Sahne
1 TL    Dill – frisch gehackt

Fleisch, Kartoffeln, Zwiebeln, Salz, Pfeffer, Ei und Milch gut vermengen und zu Bällchen von ca. 4 cm Durchmesser formen. Die Fleischbällchen in einer schweren Pfanne in der Butter bräunen. 250 ml Wasser hinzufügen und 20 Minuten simmern lassen. Die Fleischbällchen aus der Pfanne nehmen, Mehl einrühren, das restliche Wasser hinzufügen und die Brühe eindicken lassen. Die Temperatur herunter stellen und die Sahne und den Dill hinzufügen. Anschließend die Fleischbällchen wieder hinzufügen und das Gericht warm werden, aber nicht aufkochen lassen.

# WILDRESTE-AUFLAUF

400 g   Wildreste – gebraten oder roh, in kleine Stücke geschnitten
500 g   Wildreis – gekocht
250 ml  Saure Sahne
100 g   fetter Speck – in kleine Würfel geschnitten
1       mittelgroße Zwiebel – gehackt
150 g   geriebener Käse
        Majoran und Muskatnuss – nach Geschmack
        Salz und Peffer – nach Geschmack

Den Speck auslassen und die Zwiebeln darin glasig dünsten. Falls das Wildfleisch noch roh ist, im Speckfett kurz braten. Die Sahne mit den Gewürzen verrühren. Alle Zutaten, außer dem Käse, gut miteinander verrühren und in eine gefettete Auflaufform füllen. Mit dem Käse bestreuen und bei 200 °C backen, bis der Käse zerlaufen und leicht gebräunt ist.

# WILD-EINTOPF (PLAINS)

| | |
|---|---|
| 1 kg | Hirsch-, Reh-, Bison- oder notfalls Rindfleisch – gewürfelt |
| 75 ml | Ahornsirup oder Melasse |
| 1 l | Wasser |
| 3 – 4 | Frühlingszwiebeln – in Ringe geschnitten |
| 4 | weiße Rüben – gewürfelt |
| 4 | mittelgroße Kartoffeln – gewürfelt |
| 1 | Porreestange – in dünne Scheiben geschnitten |
| | Salz nach Geschmack |

Das Fleisch in einer schweren, tiefen Pfanne bräunen und anschließend die restlichen Zutaten dazugeben. Bei mittlerer Hitze ca. 60 Minuten köcheln lassen, bis das Fleisch zart ist.

# HIRSCH-EINTOPF (ZUNI)

| | |
|---|---|
| 1 ½ kg | Hirschfleisch – gewürfelt |
| 60 g | Mehl |
| 6 EL | Pflanzenöl |
| 1 | mittelgroße Zwiebel – klein gehackt |
| 120 g | Staudensellerie – gewürfelt |
| 40 g | grüne Chilischoten (scharf oder mild) – entkernt und gehackt |
| 200 g | Möhren – in Scheiben geschnitten |
| 2 | große Kartoffeln – gewürfelt |
| 150 g | gelbe Steckrüben – gewürfelt |
| 1 l | Wasser |
| 1 EL | Oregano |

Das Fleisch im Mehl wenden. Das Öl in einer großen Pfanne erhitzen und das Fleisch darin anbräunen. Das Fleisch herausnehmen und in einen großen Topf geben. Im gleichen Öl Zwiebeln, Sellerie und Chilischoten glasig werden lassen und zusammen mit dem Wasser und dem Oregano zum Fleisch geben. Aufkochen und bei gemäßigter Hitze 60 – 90 Minuten köcheln lassen, bis das Fleisch fast gar ist. Die Möhren, Kartoffeln und Steckrüben hinzufügen und nochmals 20 – 30 Minuten simmern lassen bis das Gemüse gar ist.

## WILDLEBER (PLAINS)

| 1 kg | Leber von Reh, Hirsch, Elch oder Rind |
| 6 | Frühlingszwiebeln – klein gehackt |
| 6 | Salbeiblätter – gehackt |
| 60 g | fetter Speck – ganz klein gewürfelt |
| | Schweineschmalz oder anderes Bratfett |

Die Leber in Salzwasser legen, damit der Blutgeschmack herausgezogen wird. In 1 cm dicke Scheiben schneiden. Zwiebeln, Salbei und den Speck zu einer Paste verarbeiten und die Leberscheiben damit bestreichen. In einer schweren Pfanne das Schmalz bei großer Hitze zerlassen und die Leberscheiben von jeder Seite je nach Wunsch ca. 1 – 4 Minuten braten.

## GEFÜLLTES HIRSCHHERZ

| 1 | Hirschherz – notfalls auch Rinderherz |
| 60 g | Butter oder Margarine |
| 1 | Zwiebel – klein gehackt |
| 1 | Stange Sellerie – klein gehackt |
| 200 g | Brotkrumen |
| 250 ml | Wasser |
| | Salz und Pfeffer nach Geschmack |

Das Innere des Herzen herausschneiden und zerhacken. Die Butter zerlassen und Zwiebeln, Sellerie und Herzstückchen darin dünsten. Brotkrumen, Pfeffer und Salz hinzufügen. Das Herz mit der Mischung füllen und mit einer Tasse Wasser in eine feuerfeste Form gegeben. Bei gemäßigter Hitze 2 Stunden oder bis es gar ist backen.

# REHHERZ (OSAGE)

| | |
|---|---|
| 1 | Rehherz – notfalls auch Rinder- oder Schweinherz |
| 3 EL | Bratfett |
| 4 EL | Mehl |
| 1 EL | Salz |
| ¼ TL | Pfeffer |
| 1 | Zwiebel – klein gehackt |
| | Wasser |
| 2 | Karotten |
| 2 | Stangen Sellerie – in dünne Scheiben geschnitten |
| 200 g | grüne Paprika – klein gehackt |

Das Herz eine Stunde, besser über Nacht, in Salzwasser ziehen lassen. Wichtig ist, dass das Herz ganz mit Wasser bedeckt ist. Mehl, Salz und Pfeffer gut vermischen. Das abgetrocknete Herz in dicke Scheiben schneiden und in der Würzmehlmischung wenden. Die Scheiben im zerlassenen Fett dünsten, bis sie leicht braun sind. Soviel Wasser hinzufügen, dass sie bedeckt sind. Eine Stunde lang schmoren, dann das Gemüse hinzufügen. Falls erforderlich, weiteres Wasser hinzugeben. Die Sauce mit dem restlichen gewürzten Mehl andicken.

# REHBRATEN MIT PERSIMONENGELEE (WICHITA)

| | |
|---|---|
| 1 ½ kg | Reh- oder Hirschbraten |
| 250 g | Persimonengelee oder ersatzweise Pflaumengelee |
| | Pfeffer und Salz nach Geschmack |
| | Butter |

Den Rehbraten in einen gefetteten Bratentopf legen und pfeffern und salzen. Das Gelee über den Braten verteilen. Im Backofen bei mittlerer Hitze 90 Minuten braten bzw. bis das Fleisch gar ist.

# HIRSCHBRATEN MIT EICHELKLÖßCHEN

| | |
|---|---|
| 800 g | Hirschbraten – notfalls Rinderbraten |
| 1 l | Wasser |
| 4 | Scheiben geräucherter Bauchspeck – klein geschnitten |
| 100 ml | Wasser |
| 2 | mittelgroße Zwiebeln – gehackt |
| 2 | Lorbeerblätter |
| 1 TL | Salz |
| 3 | Kartoffeln – gewürfelt |
| 1 | große weiße Rübe – gewürfelt |
| 3 | große Möhren – gewürfelt |
| 30 g | Eichelmehl oder Haselnussmehl |
| | Eichel- oder Haselnussklößchen (S. 57) |

Den Speck in einer großen Pfanne bei mittlerer Temperatur auslassen und zusammen mit dem Braten braun werden lassen. Den Liter Wasser, die Zwiebeln, Lorbeerblätter und Salz hinzufügen. Zugedeckt ca. 1,5 Stunden köcheln lassen. Die Kartoffeln, Rüben und Möhren hinzufügen und weitere 30 Minuten garen lassen. Das restliche Wasser mit dem Eichelmehl verrühren und zu dem Eintopf hinzufügen. Die Eichel- oder Haselnussklößchen esslöffelweise in den Eintopf geben und 12 – 15 Minuten garen.

# HIRSCHBRATEN (KIOWA)

| 1 kg | Hirschbraten |
|---|---|
| 4 TL | ausgelassenes Speckfett |
| 125 g | Mehl |
| 1 EL | Staudensellerie – gehackt |
| 1 EL | Zwiebel – gehackt |
| ¼ TL | Pfeffer |
| ½ TL | Salz |
| 500 ml | Wasser |

Das Fett in einem großen Bratentopf erhitzen. Den Braten im Mehl wälzen und im heißen Fett von allen Seiten bräunen. Gemüse, alle Gewürze und die Hälfte des Wassers in den Topf geben. Zugedeckt 50 Minuten köcheln lassen. Das restliche Wasser hinzufügen und simmern lassen, bis das Fleisch gar ist.

# HIRSCHSTEAKS (OSAGE)

| | Hirsch- oder Rehsteaks |
|---|---|
| | Butter oder Margarine |
| | Mehl |
| | Salz und Pfeffer nach Geschmack |
| 500 ml | Saure Sahne |

Die Steaks pfeffern und salzen, im Mehl wälzen und in heißem Fett in einer gusseisernen Pfanne von beiden Seiten kurz anbraten. Die Hitze herunterstellen und die Saure Sahne über den Steaks verteilen. Bei niedriger Hitze das Fleisch gar werden lassen.

# WILDSCHWEINFRISCHLING AM SPIEß (APACHE)

| | |
|---|---|
| 1 | Frischling oder Hausferkel – 3 bis 6 Wochen alt |
| 8 | Scheiben gestreifter Speck – in kleine Würfel geschnitten |
| 8 | Zwiebeln – klein gehackt |
| 8 | große Äpfel – in Stücke geschnitten |
| 2 TL | Zimt |
| 500 g | getrocknete Brotkrumen |
| 2 TL | Salz |
| 1 TL | Pfeffer |

Den Speck in einem großen Topf auslassen, die Zwiebeln darin andünsten. Brotkrumen, Zimt, Salz und Pfeffer hinzufügen. 10 Minuten lang dünsten lassen, dann die Apfelscheiben hinzugeben. Wenn sie fast weich sind, den Frischling mit der Mischung füllen und gut zunähen. Das Tier auf einen Bratenspieß stecken und über dem Feuer unter ständigem Drehen rösten. Wenn der Frischling gar ist, die Naht aufschneiden und die Füllung herausholen und zu den Fleischstücken servieren.

# KANINCHEN-EINTOPF MIT KLÖßEN (PLAINS)

| 1 | in Stücke geschnittenes Kaninchen |
|---|---|
| 2 TL | Salz |
| | Wasser |
| 3 | Zwiebeln – klein gehackt |
| 2 | weiße Rüben – gewürfelt |
| 2 | handvoll Löwenzahnblätter |
| | grüne Minze – Menge nach Geschmack |
| | Klöße (S. 56 – 57) |

Das Kaninchen mit Wasser bedecken und bei gemäßigter Hitze eine Stunde lang köcheln lassen oder solange, bis das Fleisch sich gut von den Knochen lösen lässt. Das Kaninchen aus dem Topf nehmen, das Fleisch von den Knochen lösen, in kleine Stücke schneiden und in den Topf zurückgeben. Salz, Zwiebeln, Rüben und Minze hinzufügen und nochmals 30 Minuten simmern lassen. Den Kloßteig esslöffelweise in den Eintopf geben und weitere 15 Minuten mit köcheln lassen. Vor dem Servieren 5 Minuten lang ziehen lassen.


# KANINCHEN-EINTOPF (ZUNI)

| 1 | fettes Kaninchen – in Stücke zerteilt |
|---|---|
| 250 ml | Öl |
| 500 g | frisches Hominy (S. 25) – ersatzweise 1 große Dose Mais |
| 1 | rote Paprika – in kleine Stücke geschnitten |
| 2 | mittelgroße Zwiebeln – klein gehackt |
| 6 | Möhren – gewürfelt |
| ½ EL | Chilipulver |
| 2 TL | Salz |
| | etwas Wasser |
| | Maismehl nach Bedarf zum Andicken des Eintopfs |

Das Öl in einen großen, schweren Topf geben, erhitzen und die Kaninchenteile darin von allen Seiten anbraten. Das überschüssige Fett abgießen, ein bisschen Wasser hinzufügen und die Kaninchenteile darin zugedeckt eine Stunde schmoren lassen. Das Gemüse und die Gewürze hinzufügen und solange köcheln lassen, bis die Möhren gar sind. Den Eintopf mit dem Maismehl nach Belieben andicken.

# GEFLÜGEL UND FISCH

# HÜHNER-EINTOPF

| | |
|---|---|
| 1 | Huhn – 1,2 bis 1,5 kg schwer |
| 2 | Lorbeerblätter |
| 6 | Pfefferkörner |
| 1 | Scheibe Knollensellerie – gewürfelt |
| | Wasser |
| 2 | große Kartoffeln – gewürfelt |
| 2 | große Zwiebeln – klein gehackt |
| 1 | große Dose Mais |
| 1 | große Dose kleine weiße Bohnen |
| 6 | Tomaten – gewürfelt |
| ½ TL | Oregano |
| | Salz und Pfeffer nach Geschmack |

Huhn, Lorbeerblätter, Pfefferkörner und Sellerie in einen großen Topf geben und kochen lassen, bis sich das Huhn leicht vom Knochen lösen lässt. Die Hühnerstücke klein schneiden und in den Topf zurückgeben. Alle Zutaten bis auf die Tomaten hinzufügen und 20 Minuten zugedeckt köcheln lassen. Die Tomaten in den Topf geben und nochmals 10 – 15 Minuten simmern lassen.
Für bis zu 10 Personen

# WALDHUHN MIT SPINAT

| | |
|---|---|
| 2 | Waldhühner oder Haushuhn von ca. 900 g |
| 4 EL | Schweineschmalz |
| 250 g | frischer Spinat |
| 6 | Frühlingszwiebeln – in Ringe geschnitten |
| 8 – 10 | gehackte frische Minzblätter oder ½ TL getrocknete Minze |
| | Salz und Pfeffer |

Die Hühner mit 2 Esslöffeln Schmalz einreiben und am Spieß über dem Feuer, im Backofengrill oder in einer Pfanne anbräunen. Anschließend mit dem restlichen Schmalz, den Spinatblättern, den Zwiebeln und der Minze in einen großen Topf geben und mit Wasser bedecken. Alles einmal aufkochen und dann bei niedriger Temperatur 90 bis 120 Minuten köcheln lassen, bis das Fleisch gar ist. Mit Salz und Pfeffer würzen und mit Maisküchlein servieren.

# WILDGEFLÜGEL MIT PILZEN

| 1 ½ kg | Wildgeflügel- oder Haushuhnteile |
|---|---|
| 3 EL | Butter oder Margarine |
| 10 | Frühlingszwiebeln – in Ringe geschnitten |
| 600 g | Wildpilze oder Champignons – in Scheiben geschnitten |
| 3 | Tomaten – in Stücke geschnitten |
| 2 EL | frischer Dill – fein gehackt |
| | Salz und Pfeffer |

Die Hühnerteile mit Salz und Pfeffer würzen. Die Butter in einem großen, flachen Bratentopf anbräunen und die Hühnerteile darin anbraten. Zwiebeln, Pilze, Tomaten und Dill dazugeben und zugedeckt bei niedriger Hitze 30 Minuten im Backofen garen lassen. Den Deckel abnehmen und das Gericht bei mittlerer Hitze für 15 – 20 Minuten, bis die Hühnerteile gar sind, im Backofen braten.

# COMANCHE-CHICKEN

| 1 | großes Huhn – in 6 – 8 Teile zerlegt |
|---|---|
| | Fett zum Anbraten |
| 2 | dünne Porreestangen – in Ringe geschnitten |
| 2 | große Äpfel – geschält, entkernt und in Schnitzen geschnitten |
| 2 | mittelgroße Zwiebeln – klein gehackt |
| 3 | Knoblauchzehen – fein gehackt |
| 200 ml | Saure Sahne oder Crème Fraîche |
| 200 g | geviertelte Pecan-Nüsse oder Walnüsse |
| | Maismehl oder Weizenmehl nach Bedarf zum Andicken |
| | Pfeffer, Salz und Thymian nach Geschmack |

In einem Bratentopf Fett erhitzen und Zwiebeln und Knoblauch darin glasig werden lassen. Die gepfefferten und gesalzenen Hühnerteile dazu geben und von beiden Seiten goldbraun anbraten. Mit Wasser ablöschen und den Porree hinzufügen, später die Äpfel, damit sie nicht zu weich werden, und die Nüsse. Langsam gar köcheln. Die Saure Sahne einrühren und die Sauce mit Mehl andicken. Das Huhn mit Wildreis servieren.

# PRÄRIEHUHN MIT SÜßKARTOFFELN (PAWNEE)

| | |
|---|---|
| 2 | Präriehühner oder Haushühner von je ca. 900 g |
| 250 g | Staudensellerie – in kleine Stücke geschnitten |
| 2 | große Zwiebeln – klein gehackt |
| 3 – 4 EL | gehackter frischer Salbei oder 3 – 4 TL Trockensalbei |
| 6 EL | flüssiger Honig oder Melasse |
| 4 | mittelgroße Süßkartoffeln |
| 2 EL | frischer Schnittlauch – klein gehackt |
| 1 EL | geschälte, geröstete Sonnenblumenkerne |
| | Pfeffer und Salz |

Den Backofen auf gemäßigte Hitze vorheizen. Die Hühner innen mit Salz und Pfeffer würzen. Sellerie, Zwiebeln und Salbei mischen und die Hühner damit füllen und zunähen. Die Hühner mit einem Esslöffel Honig bestreichen und in einen Bräter geben. Die Süßkartoffeln waschen, ein- bis zweimal mit der Gabel einstechen und neben die Hühner in die Bratform legen und bei 200°C in den Backofen stellen. Die Bratzeit beträgt ca. 45 bis 60 Minuten oder bis die Kartoffeln gar sind. Vor dem Servieren die Kartoffeln an der Oberseite einschneiden, mit dem restlichen Honig beträufeln und Schnittlauch und Sonnenblumenkerne in die Spalte streuen

# TORTILLA-HÜHNERTOPF (HOPI)

| | |
|---|---|
| 1 kg | gekochtes Hühnerfleisch – gewürfelt |
| 1 l | Hühnerbrühe |
| 250 ml | Saure Sahne oder Crème Fraîche |
| | Mehl zum Andicken |
| 1 | mittelgroße Zwiebel – gehackt |
| 200 g | grüne Chili – in Stücke geschnitten |
| | gehobelter Käse nach Belieben |
| 10 | Tortillas |

80

Die Hühnerbrühe, die Saure Sahne und das Mehl erhitzen, bis die Suppe cremig wird. Huhn, Zwiebeln und Chili hinzufügen. Beliebig viel Käse beimengen und erhitzen, bis sich der Käse mit den anderen Zutaten verbunden hat. Von der Mixtur etwas in eine tiefe, große Pfanne geben. Die Tortillas mit einem weiteren Teil der Mixtur füllen und zusammenrollen, nebeneinander in die Pfanne legen und mit der restlichen Mixtur übergießen. Mit weiterem Käse überstreuen und die Pfanne für 30 Minuten bei gemäßigter Hitze in den Backofen schieben.

## GEFÜLLTE WILDENTE (SIOUX)

| | |
|---|---|
| 2 | Wildenten oder Fasan von ca. 1,5 kg oder beliebiges anderes Geflügel |
| 120 g | geschmolzene Butter |
| ½ TL | Thymian |
| 15 | zerdrückte Wacholderbeeren |
| 1 EL | Salz |
| ¼ TL | Pfeffer |
| 500 g | Cranberrys |
| 500 g | Apfelstückchen |
| 250 g | beliebige Sorte Nüsse – grob gehackt |

Die Butter schmelzen und mit Thymian, Salz, Wacholderbeeren und dem Pfeffer vermischen. Die Enten mit der Mischung von innen und außen einreiben. Cranberrys, Apfelstücke und Nüsse mit der restlichen Gewürzmischung vermengen und in die Enten füllen. Die Enten zunähen und im Backofen auf einem Rost über einer Pfanne 15 Minuten bei starker Hitze rösten. Bei gemäßigter Hitze weitere 30 Minuten braten bzw. bis die Enten gar sind. Die Enten möglichst alle 10 Minuten mit Fett aus der Bratenpfanne einpinseln.

# GEFÜLLTE WILDGANS (APACHE)

| | |
|---|---|
| 1 | Wildgans oder Hausgans |
| 500 g | Brotkrumen |
| 1 | große Zwiebel – klein gehackt |
| 2 | große Äpfel – in Stücke geschnitten |
| ½ TL | Salbei |
| 2 | Knoblauchzehen – fein gehackt |
| | Salz und Pfeffer |
| 2 TL | Butter |
| | etwas Mehl |

Die Innereien kochen, bis sie gar sind und klein hacken. Mit den Brotkrumen, der Zwiebel, den Äpfeln und mit den anderen Gewürzen vermischen. Die Gans mit der Mixtur stopfen und zunähen, von außen pfeffern, salzen und in eine Bratenpfanne legen. Mit der Butter bestreichen und mit ein wenig Mehl bestreuen. Die Gans bei mittlerer Hitze im Backofen braten, bis sie gar ist. Zwischendurch möglichst oft mit Fett begießen oder einpinseln. Pro Pfund beträgt die Backzeit 15 – 20 Minuten.

# GEFÜLLTER TRUTHAHN (PUEBLO)

| | |
|---|---|
| 1 | wilder Truthahn oder Haustruthahn – 4 bis 5 kg schwer |
| | Salz und Pfeffer |
| 3 EL | zerlassene Butter |
| 1 – 2 TL | Chilipulver |
| 1 | halbierte Zwiebel |
| 2 | Staudensellerie |
| 50 g | Mehl |
| 1 l | Wasser |
| | Pinienkern-Rosinen-Füllung |

Den Backofen auf gemäßigte Hitze vorheizen. Die Innereien und den Hals vom Truthahn beiseite legen. Den Truthahn innen und außen mit Salz und Pfeffer einreiben. Die Pinienfüllung in die Halsöffnung und die Bauchhöhle füllen und zunähen. Die Butter mit dem Chili vermengen und den Vogel damit bestreichen. In einer Bratenpfanne in den Backofen geben und braten. Je 500g Fleisch rechnet man ca. 20 Minuten. Der Truthahn ist gar, wenn man in die Schenkel sticht und der austretende Saft keine rosa Färbung mehr hat. Während der Truthahn brät, den Hals, die Innereien ohne die Leber, die Zwiebel, den Sellerie und das Wasser in einen Topf geben und zum Kochen bringen. Anschließend köcheln lassen, bis die Innereien gar sind. Die Brühe durch ein Sieb gießen und beiseite stellen. Die Innereien und die rohe Leber zerhacken. Den fertigen Truthahn aus dem Bräter nehmen und warm stellen. Den Bratensaft in einen Topf abgießen. Von der Oberfläche 6 Esslöffel Fett abnehmen, das Mehl in den Bräter geben und unter Rühren anbräunen. Die gehackten Innereien dazu geben und anbraten. Vom Bratensaft das restliche Fett abschöpfen und die übrig gebliebene Brühe zu den Innereien geben. Die Sauce bei mittlerer Hitze eindicken lassen.

# PINIENKERN-ROSINEN-FÜLLUNG

| | |
|---|---|
| 500 g | getrocknetes Weißbrot- oder Pueblo-Brot – gewürfelt |
| 100 g | Butter |
| 3 | Zwiebeln – klein gehackt |
| 100 g | Staudensellerie – klein gehackt |
| 200 g | Pinienkerne |
| 100 g | Rosinen |
| 1 | großes Ei – verquirlt |
| 1 TL | Salbei |
| 1 TL | Salz und Pfeffer nach Geschmack |

Die Butter in einer großen Pfanne zerlassen und Zwiebeln und Sellerie bei mittlerer Temperatur glasig werden lassen. Die Pinienkerne und Rosinen hinzufügen und rühren, bis die Pinienkerne goldgelb sind. Brotwürfel, den Inhalt der Pfanne, das Ei, 2 Esslöffel Wasser und die Gewürze in eine Schüssel geben und verrühren. Die Masse in den Truthahn füllen, Reste der Füllung separat in einer ofenfesten Form mitbacken lassen.

# GEBACKENE FORELLEN

| 4 | ausgenommene Forellen oder andere Fische |
|---|---|
| 2 | Eier – verquirlt |
| 300 g | Maisgrieß |
| 80 ml | Öl |
| | Salz und Pfeffer nach Geschmack |

Den Maisgrieß mit Pfeffer und Salz vermischen. Die Forellen zuerst in den geschlagenen Eiern wenden, dann in der Maisgrießmixtur. Das Öl in einer Pfanne erhitzen und die Forellen auf jeder Seite ca. 4 – 5 Minuten backen.

# GEGRILLTE FORELLEN

| 4 | frische, Forellen oder andere Fische – je ca. 500 g |
|---|---|
| 8 | Frühlingszwiebeln |
| 4 – 8 | dünne Scheiben geräucherter Bauchspeck |
| | Piment, Salz und Pfeffer nach Geschmack |

Die ausgenommenen Forellen innen und außen mit den Gewürzen einreiben. In jede Forelle zwei Zwiebeln und einen Speckstreifen hineinlegen. Die Forellen mit den anderen Speckstreifen umwickeln und mit einem Zahnstocher fixieren. Die Fische auf einen Stock spießen und über offenem Feuer oder auf einer leicht geölten Folie auf dem Grill braten.

# FORELLE IN SAURER SAHNE (PONCA)

| 4 | Forellen oder andere Fische – je ca. 350 bis 400 g |
| | Salz |
| 150 g | Mehl |
| 3 EL | Butter |
| 250 ml | Saure Sahne oder Crème Fraîche |
| ½ TL | Essig |

Die ausgenommenen Forellen innen mit Salz ausreiben und im Mehl wälzen. 2 Esslöffel Butter in einer Pfanne solange erhitzen, bis die Butter nussig riecht. Die Temperatur herunter stellen und die Forellen von beiden Seiten ca. 8 Minuten, bzw. bis sie gar sind, braten. Die Forellen aus der Pfanne nehmen und im Backofen warm halten. Den Rest der Butter in die Pfanne geben und mit dem Bratensud verrühren. Die Saure Sahne unter ständigem Rühren hinzufügen und 5 Minuten köcheln lassen. Den Essig dazugeben und nochmals 5 Minuten köcheln lassen. Die Sauce vor dem Servieren über den Fisch gießen.

# GEBACKENER WELS (SHAWNEE)

| 1 | ausgenommener Wels – ca. 500 g je Person |
|---|---|
| 3 EL | Butter |
| 2 EL | Öl |
| 1 EL | Essig |
| ½ TL | Salz |
| ¼ TL | Pfeffer |
| 2 TL | fein geschnittene Zwiebeln |

Kopf und Rückgrat abschneiden, ohne den Wels in zwei Hälften zu teilen, und in eine Schüssel legen. Öl, Essig, Salz, Pfeffer und Zwiebel vermischen und über den Fisch gießen. 20 Minuten ziehen lassen, den Wels umdrehen und nochmals 20 Minuten ziehen lassen. Den Fisch in eine gebutterte feuerfeste Form legen und im Backofen bei gemäßigter Hitze braten, bis er gar und goldbraun ist.

# GEBACKENER FISCH MIT ORANGEN

| 1 kg | dick geschnittenes Fischfilet oder halbierter Fisch |
|---|---|
| 4 EL | Butter |
| 3 EL | frische Petersilie – fein gehackt |
| 3 – 4 | Orangen – in dicke Scheiben geschnitten |
| | Pfeffer |

2 Esslöffel Butter in einer Auflaufform schmelzen lassen. Den Fisch in die Form legen, mit der restlichen Butter bestreichen und mit Petersilie und Pfeffer bestreuen. Die Orangenscheiben auf dem Fisch verteilen und die Auflaufform mit Alufolie bedecken. Bei mittlerer Hitze ca. 40 Minuten bzw. bis der Fisch gar ist, im Backofen garen lassen. Dazu Wildreis servieren.

# BUTTER UND SAUCEN

# GUACAMOLE

| | |
|---|---|
| 2 | Avocados |
| 60 ml | Saure Sahne |
| 1 | kleine Zwiebel – fein gehackt |
| 1 | kleine Tomate – sehr fein gehackt |
| ½ | Knoblauchzehe – gepresst |
| 1 ½ EL | Zitronensaft |
| ¼ TL | Salz |
| 1 | Spritzer Tabasco oder wahlweise |
| 1 TL | Worcestersauce |

Das Avocado-Fleisch herauslösen und mit allen Zutaten gut vermischen. Damit die Guacamole nicht anläuft, den Stein der Avocado in der Creme aufbewahren und bis zum Verzehr mit Folie abdecken.
Guacamole schmeckt sehr gut zu krossen Tortillas oder zu frischen Maisfladen, die in den Avocadobrei gedippt werden.

# AVOCADO-BUTTER

| | |
|---|---|
| 1 | Avocado |
| 125 g | Butter |
| 2 | Knoblauchzehen – gepresst |
| 1 EL | scharfe Taco-Sauce |
| 2 EL | Zitronensaft |
| | Salz und Pfeffer |

Das Avocado-Fleisch auslösen und mit der Butter pürieren. Knoblauchzehen, Taco-Sauce und Zitronensaft einrühren und mit Salz und Pfeffer abschmecken.
Avocado-Butter schmeckt gut zu warmem Brot oder Fladen und hält sich im Kühlschrank einige Tage.

# AZTEKEN-BUTTER

| | |
|---|---|
| 250 g | Butter |
| ½ TL | Trockensenf |
| 1 EL | Schnittlauch – fein gehackt |
| ½ TL | Currypulver |
| ⅛ TL | Cayenne Pfeffer |
| | Salz zum Abschmecken |

Alle Zutaten gut vermengen und kalt stellen.

# PECAN-APFEL-BUTTER

| | |
|---|---|
| 70 g | Pecan-Nüsse |
| 250 g | Butter |
| 1 | kleiner Apfel – gestückelt |
| 6 EL | Apfelsaft |
| 1 Prise | Muskatnuss |
| ½ TL | Piment |
| ½ TL | Zimt |

Die Nüsse im Backofen bei niedriger Hitze rösten und nach dem Erkalten fein reiben. Die Apfelstückchen 10 Minuten – oder bis sie weich sind – im Apfelsaft kochen. Anschließend durch ein Sieb drücken und abkühlen lassen. Nüsse, Butter, Apfelmus und Gewürze gut verrühren.

# NUSS-BUTTER

| | |
|---|---|
| ½ kg | gemahlene Erdnüsse oder andere Nüsse |
| 70 ml | lauwarmes Wasser |
| 5 EL | Erdnussöl oder Sonnenblumenöl |
| 1 – 2 TL | Salz nach Geschmack |

Die Nüsse mit dem Wasser und dem Öl gut verrühren, bis eine cremige Paste entsteht. Je nach Geschmack mit Salz würzen.

# LÖWENZAHN-SAUCE (CADDO)

| 1 kg | frische Löwenzahnblätter – möglichst vor der Blüte ernten |
| 1 l | Wasser |
| ½ TL | Salz |
| 2 EL | Butter |
| 2 EL | Mehl |
| 250 ml | Milch |
| | Salz und Pfeffer |

Die Löwenzahnblätter im Wasser mit dem Salz zusammen aufkochen. Die Hitze herunterstellen und 15 Minuten köcheln lassen. Anschließend in einem Sieb abgießen. Die Butter schmelzen und mit dem Mehl zu einer Paste verarbeiten. Die Milch hinzufügen und die Masse zu einer cremigen Sauce verrühren. Mit Salz und Pfeffer würzen. Die Löwenzahnblätter in feine Stücke hacken und zur Sauce geben.
Die Sauce kann zu Fleisch jeder Art serviert werden.

# SONNENBLUMENKERN-SAUCE (ZUNI)

| 80 g | Speck – fein gehackt |
| 6 EL | gemahlene Sonnenblumenkerne |
| 1 EL | Maismehl |
| ½ l | Wasser |
| 2 – 3 EL | Zwiebel – fein gehackt |
| | Salz |

Den Speck anbraten, die Zwiebeln hinzugeben und glasig werden lassen. Sonnenblumenmehl, das Maismehl und Salz hinzufügen. Eine Minute kochen lassen und dabei umrühren, damit die Sauce nicht anbrennt. Das Wasser langsam unter Rühren hinzufügen. Bei niedriger Hitze köcheln lassen, bis die Sauce sämig wird.
Die Sauce kann zu Gemüse oder Brei serviert werden.

# DESSERTS UND ANDERE

# SÜßE DINGE

# MAIS-PUDDING (OSAGE)

| 1 | mittlere Dose Mais |
|---|---|
| 1 EL | Zucker |
| 1 l | fette Milch (3,5%) |
| 1 | Prise Salz |
| 2 EL | Mehl |
| 1 EL | Butter oder Margarine |
| 3 | Eier |

Den Mais ohne Dosenflüssigkeit in die Milch einrühren. Das Mehl, die Butter und den Zucker cremig rühren. Das Eigelb hinzufügen. Das Eiweiß steif schlagen. Alles mit der Mais-Milch-Mixtur vermischen und nach Geschmack salzen. In eine Form geben und im Backofen backen, bis die Masse fest ist.
Der Pudding kann als Beilage serviert werden oder als Nachtisch mit Schlagsahne.

# KÄSE-MAIS-PUDDING (NAVAJO)

| 1 | große Dose abgetropfte Maiskörner |
|---|---|
| 200 ml | Milch |
| 300 g | Maisgrieß |
| 80 g | Schmalz oder Backfett |
| 2 | Eier – verquirlt |
| ½ TL | Backpulver |
| 1 TL | Zucker |
| ¼ TL | Salz |
| 200 g | Cheddarkäse – gehobelt |

Mais und Milch in einer großen Schüssel vermischen. Den Maisgrieß und das Fett hinzufügen und die Masse gut verrühren. Die restlichen Zutaten untermischen. Den Teig in eine gefettete, flache Backform füllen und bei 200°C ca. 45 Minuten backen. Den Pudding warm servieren.

# INDIANISCHER REIS-PUDDING

| | |
|---|---|
| 500 g | Langkornreis |
| 1 ½ l | Wasser |
| 0,8 l | Wasser |
| 1 TL | Salz |
| 450 g | Zucker |
| 300 g | Butter |
| 2 | Kardamom-Kapseln |
| 5 | Gewürznelken |
| | Saft einer Zitrone |
| 80 g | Rosinen |
| 80 g | ungeröstete Pistazien |
| 80 g | Mandelstifte |
| 80 g | Cashew-Nüsse – geviertelt |
| 250 ml | Sahne – steif geschlagen |

Den Reis mit dem Salz in 1,5 Liter Wasser ca. 10 Minuten kochen. Anschließend durch ein Sieb geben. Den Zucker mit 0,8 l Wasser eine Minute lang kochen. Dabei umrühren, damit sich der Zucker auflöst. In einem großen, schmiedeeisernen Topf die Butter erhitzen. Den Kardamom und die Gewürznelken 10 Minuten bei niedriger Hitze mitköcheln lassen. Die Zuckerlösung bis auf 120 ml dazugeben. Den Reis vorsichtig in die Mischung einrühren, bis die Butter absorbiert ist (ca. 10 Minuten). Den Zitronensaft, die Rosinen und Nüsse hinzufügen. Kurz aufkochen lassen, dann bei niedriger Hitze köcheln, bis der Reis weich ist. Umrühren, falls erforderlich. Sollte der Reis noch nicht gar sein, wenn die Flüssigkeit eingezogen ist, von der restlichen Zuckerlösung etwas dazugeben und weiter köcheln lassen. Noch 10 Minuten durchziehen lassen, dann warm mit Schlagsahne servieren.

# INGWER-PUDDING

| | |
|---|---|
| 1 l | Milch |
| 200 ml | Milch |
| 80 g | Zucker |
| 120 g | Maismehl |
| 160 ml | Zuckersirup |
| 1 TL | Zimt |
| ½ TL | Ingwer |
| 1 TL | Salz |
| 4 EL | Butter |

Den Liter Milch aufkochen und Zucker, Maismehl, Zuckersirup, die Gewürze und die Butter hinzufügen. Ca. 20 Minuten kochen bis die Masse dicklich wird. In eine gefettete Backform füllen. Die 200 ml Milch hinzufügen, aber nicht umrühren. Bei niedriger Hitze drei Stunden lang backen. Warm mit Schlagsahne oder Eis servieren.

# MELASSE-BROT-PUDDING

| | |
|---|---|
| 8 | Scheiben altes Brot – gewürfelt |
| 2 EL | geschmolzene Butter |
| 2 | Eier – verquirlt |
| 3 EL | Zucker |
| 3 EL | Melasse |
| 300 ml | Milch |
| 100 g | Rosinen |
| | Salz |

Die Brotwürfel in einer gefetteten Auflaufform verteilen. Die Eier, Melasse, Zucker und Salz gut vermischen. Die Milch, Rosinen und Butter hinzufügen. Die Masse über die Brotwürfel geben und die Auflaufform in den Backofen stellen. Bei gemäßigter Hitze ca. 60 Minuten backen. Mit Schlagsahne warm servieren.

# BEEREN-PUDDING (CHICKASAW)

700 g    Brombeeren, Erdbeeren oder nach Belieben andere Beeren
200 g    Zucker
250 g    Maismehl
1 TL    Backpulver
1 TL    Salz
3 EL    Butter oder Margarine
125 ml    Sauermilch
60 ml    flüssiger Honig
1 EL    Zitronensaft

Eine 20 x 20 cm große Backform fetten. Die Beeren darin verteilen und mit 120 g Zucker bestreuen. Den restlichen Zucker, Maismehl, Backpulver und Salz miteinander vermischen. 2 Esslöffel Butter schmelzen und mit der Sauermilch verrühren. Die Mischung schnell mit den trockenen Zutaten vermengen. Diese Masse vorsichtig auf den Beeren verteilen. Den Honig, die restliche Butter und den Zitronensaft vermischen und über den Pudding geben. Bei gemäßigter bis mittlerer Hitze 60 Minuten backen. Nach dem Abkühlen servieren.

# BROMBEER-KLÖßE (CREEK)

750 g    Brombeeren
180 ml    Wasser
240 g    Zucker
1 ½ EL    Butter
500 g    Mehl
3 EL    Zucker
1 TL    Salz
1    Ei
3 ½ TL    Backpulver
       Milch

Mehl, Zucker, Salz und Backpulver gut vermischen. Das Ei hinzufügen und so viel Milch hinzugeben, dass ein fester Teig entsteht. Die Brombeeren, das Wasser, den Zucker und die Butter zum Kochen bringen. Den Kloßteig esslöffelweise in die kochende Brombeersuppe geben und bedeckt 15 bis 20 Minuten köcheln lassen. Mit Schlagsahne oder Eis servieren.

# CRANBERRY-KOMPOTT (SIOUX)

250 g   frische oder getrocknete Cranberrys
250 ml  Wasser
        Zucker nach Geschmack
        Mehl

Falls getrocknete Cranberrys verwendet werden, über Nacht einweichen. Die Früchte und das Wasser erhitzen und Zucker nach Geschmack hinzufügen. Mehl dazugeben und ständig weiterrühren, bis die Masse dicklich wird. Mit Brotfladen servieren.


# APRIKOSEN-KOMPOTT

300 g    Trockenaprikosen – in Scheiben geschnitten
1        Zitrone – in Scheiben geschnitten
1        Zimtstange
3 – 4    Nelken
1 Prise  Muskatnuss
6 EL     Ahornsirup oder ersatzweise Zuckersirup

Einen Topf mit etwas Wasser füllen und alle Zutaten einrühren. Ca. 30 Minuten köcheln lassen. Gelegentlich umrühren. Falls erforderlich, noch Wasser hinzufügen.


# BEEREN-GELEE

600 g    Cranberrys, Blaubeeren oder andere Beeren
900 ml   Wasser
1 kg     Zucker

Die Beeren und das Wasser in einem Topf geben und aufkochen lassen, anschließend bei niedrigerer Temperatur 10 – 15 Minuten köcheln lassen, bis sie weich sind. Die Beeren mit dem Wasser durch ein feines Sieb drücken. Die Schalen der Beeren wegwerfen. Den Zucker zum Saft geben und bei mittlerer Hitze 15 – 20 Minuten kochen. Das Gelee in sterilisierte Gläser füllen. Zu Küchlein oder Fladen kann das Gelee warm oder kalt serviert werden.

# ROSENBLATT-MARMELADE (APACHE)

500 g    Rosenblätter
500 ml   warmes Wasser
500 g    Zucker
2 EL     Honig
1 TL     Zitronensaft

Die Rosenblätter in schmale Streifen schneiden und in einem Topf mit dem Wasser ca. 10 Minuten kochen oder bis sie weich sind. Die Rosenblätter aus der Flüssigkeit nehmen und beiseite legen. Zucker und Honig in die Flüssigkeit geben und bei sehr niedriger Hitze köcheln lassen, bis die Masse Fäden zieht. Die Rosenblätter hinzufügen und nochmals 45 Minuten simmern lassen. Den Zitronensaft dazugeben und solange weiter köcheln lassen, bis die Masse dicklich wird.

# MAISMEHL-WASNA (SIOUX)

1 kg     Maismehl
200 g    Rosinen
450 g    Zucker
250 g    geschmolzene Butter oder Margarine

Die Rosinen einweichen. Das Maismehl im Backofen bräunen. Rosinen, Mehl und Zucker vermischen und das geschmolzene Fett dazugeben. Gut durchmischen und in eine große flache Pfanne pressen, so dass der Teig 2,5 cm dick ist. Kühlen oder frieren und zum Servieren in kleine viereckige Stücke schneiden.

# TRAIL-TOFFEE

| | |
|---|---|
| 250 ml | Erdnussbutter |
| 120 g | Milchpulver |
| 120 g | Rosinen |
| 120 g | im Backofen geröstete Haferflocken oder Sesamkörner |
| | Honig – genügend um eine Paste anzurühren |
| 1 Prise | Zimt |
| 1 Prise | Kardamom |

Alle Zutaten so lange gut vermischen, bis sich die Masse in der Hand zu Kugeln oder Riegeln formen lässt. In Alufolie einwickeln und kühlen.

# FRUCHT-PEMMIKAN

| | |
|---|---|
| 125 g | Margarine |
| 120 g | flüssiger Honig |
| 200 g | Kokosraspeln |
| 200 g | Rosinen |
| 200 g | Trockenobst – klein gehackt |
| | (Aprikosen, Äpfel, Pflaumen oder Datteln) |
| 50 g | brauner Zucker |
| | Zimt, falls gewünscht |

Alle Zutaten sehr gut miteinander vermischen. Zu Kugeln oder Riegeln formen und in feste Alufolie packen.

# KUCHEN UND GEBÄCK

# NUSS-KEKSE

| | |
|---|---|
| 100 g | gemahlene Nüsse - Pecan-Nüsse, Walnüsse, Haselnüsse, Bucheckern – oder welche Nussart gerade vorrätig ist |
| 250 g | Butter oder Margarine |
| 250 g | Zucker |
| 1 | Ei |
| 500 g | Mehl |
| ½ TL | Backsoda oder Backpulver |
| 1 | Prise Salz |
| 1 TL | Vanillepulver – ersatzweise Vanillezucker |
| | halbe Pecan-Nüsse oder Walnüsse, Haselnüsse oder Bucheckern zum Garnieren |

Zucker, Margarine und das Ei gut vermischen. Die trockenen Zutaten sorgfältig unterrühren. Aus dem Teig Bällchen formen und zu flachen Keksen drücken. In jeden Keks eine Nuss hineindrücken. Bei mittlerer Hitze im vorgeheizten Backofen 8 – 12 Minuten backen.

# EICHEL-KEKSE

| | |
|---|---|
| 100 g | Eichelmehl (S.26) |
| 60 g | Weizenvollkornmehl |
| 1 ½ TL | Backpulver |
| ¼ TL | Salz |
| 2 EL | gekühltes Schweineschmalz oder Butter |
| 3 EL | Milch |

Den Backofen auf mittlere Hitze vorheizen. Die beiden Mehlsorten mit Backpulver und Salz gut vermischen. Das Schmalz mit der Hand einarbeiten. Anschließend die Milch zugeben. Aus dem Teig Kugeln formen und platt drücken, so dass Küchlein von ca. 3 – 4 cm Durchmesser entstehen. Den Backofen auf gemäßigte Hitze herunterschalten und die Küchlein ca. 12 – 15 Minuten goldbraun backen.

# CHILI-KÜCHLEIN

| | |
|---|---|
| 100 g | Mehl |
| 80 ml | Wasser |
| 1 | Ei – verquirlt |
| ½ TL | Backpulver |
| 1 | mittelgroße Zwiebel – klein gehackt |
| 60 g | milde, grüne Chilischoten |
| | Öl zum Ausbacken |
| | Salz nach Geschmack |

Die Chilischoten rösten, entkernen und in kleine Stücke hacken. Das Mehl in eine Schüssel geben und das Wasser unter ständigem Rühren langsam hinzufügen. Ei, Backpulver, Zwiebeln, Salz und Chili einrühren und gut vermischen. Das Öl auf 180°C erhitzen und den Teig mit einem Esslöffel in das heiße Öl gleiten und goldbraun ausbacken lassen. Die fertigen Küchlein mit einem Schaumlöffel aus dem Öl fischen und auf Küchenpapier abtropfen lassen. Heiß servieren.

# PERSIMONEN-KUCHEN (CHEROKEE)

| | |
|---|---|
| 250 g | pürierte Persimonen |
| 125 g | Zucker |
| 1 | Ei |
| 1 EL | Butter |
| 250 g | Mehl |
| 2 TL | Backpulver |

Alle Zutaten gut vermischen. Den Teig in eine gut gefettete und gemehlte, flache Backform geben. Den Kuchen ca. 40 Minuten bei gemäßigter Hitze backen.

# BROMBEER-KUCHEN (CHICKASAW)

| 250 g | Brombeeren, Heidelbeeren oder andere dunkle Beeren |
| 125 g | Margarine oder Butter |
| 250 g | Zucker |
| 3 | Eier – verquirlt |
| 200 ml | Milch |
| 500 g | Mehl |
| 2 TL | Backpulver |

Die Butter mit dem Zucker cremig rühren. Eier und Milch hinzufügen. Das Mehl mit dem Backpulver gut vermischen und zur restlichen Masse hinzufügen. Die Beeren vorsichtig unter den Teig heben. Bei gemäßigter Hitze in einer flachen Kuchenform backen, bis er gar ist. Wenn man mit einem Holzspieß in die Mitte sticht und der Spieß sauber wieder herauskommt, ist der Kuchen fertig.

# KÜRBIS-PASTETE

Teig für den Pastetenboden
| 350 g | Mehl |
| 250 g | Butter oder Margarine |
| 130 ml | kaltes Wasser |
| 1 TL | Weinessig |
| 1 TL | Salz |
| 1 | großes Ei – verquirlt |

Mehl, Salz und das Fett gut vermischen. Wasser, Essig und das Ei in eine Schüssel geben und verrühren. Den Mehlteig hinzufügen und alles gut vermengen, bis sich der Teig zu einer Kugel rollen lässt. Er kann jetzt in eine Pastetenform von ca. 22 cm Durchmesser gepresst werden. Den Teig 10 Minuten bei starker Hitze im Backofen vorbacken.

**Für die Füllung:**

| | |
|---|---|
| 500 g | Kürbisfleisch – klein geschnitten |
| 80 g | brauner Zucker |
| 100 g | Pecan-Nüsse oder Walnüsse – klein gehackt |
| 2 | Eier |
| 200 g | Zucker |
| ½ TL | Salz |
| 1 TL | Zimt |
| ½ TL | Piment |
| ½ TL | Ingwerpulver |
| ½ TL | Gewürznelkenpulver |
| 370 ml | Vollmilch |

Den braunen Zucker und die Nüsse auf dem Pastetenboden verteilen. Das Ei trennen, das Eiweiß steif schlagen und beiseite stellen. Das Eigelb verrühren und mit den anderen Zutaten vermischen. Vorsichtig das Eiweiß unterheben. Die Masse auf dem Pastetenboden verteilen. Die Pastete 15 Minuten im vorgeheizten Backofen bei starker Hitze backen. Den Ofen auf gemäßigte Hitze herunter stellen und nochmals 45 Minuten backen. Wenn man mit einem Messer in die Mitte sticht und das Messer sauber wieder herauskommt, ist die Pastete fertig. Abkühlen lassen und mit Sahne oder Vanillesauce servieren.

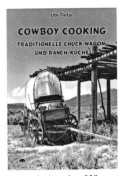

# Cowboy Cooking – Ute Tietje

## Traditionelle Chuck Wagon- und Ranch-Küche

104 Seiten – viele s/w-Fotos - ISBN 978-3-98091-410-9

Buffalo Verlag, Verden, 3. Auflage 2007 - 11,90 €

Die jeweilige Tätigkeit eines Cowboys bestimmte in der Regel die Art seiner Mahlzeiten. Auf der Ranch war das Angebot durch frische Lebensmittel üppiger als auf einem monatelangen Trailritt. Als „Lonesome Rider" auf der Suche nach verirrten Rindern begrenzten sich die Lebensmittel des Cowboys auf das, was in die Satteltasche passte. Auf einem Round Up wiederum konnte er sich darauf verlassen, dass der Koch am Chuck Wagon für die hart arbeitenden Männer entsprechende Mahlzeiten zubereitete.

Dieses Buch enthält eine Sammlung von weit über 100 Rezepten - vom reichhaltigen Frühstück über das Hauptgericht bis hin zu Kuchen und Dessert - nach denen auch heute noch auf den Ranches oder bei entsprechenden Veranstaltungen die Mahlzeiten zubereitet werden. Je nach Rozept können ein herkömmlicher Herd, eine offene Feuerstelle oder auch der berühmte Dutch Oven zum Einsatz kommen. Die Gerichte sind einfach zuzubereiten, da das rustikale Leben im Westen nicht viel Raum für raffinierte Spielereien beim Kochen ließ.

Ideal für rustikale, gesellige Zusammentreffen in kleinerem oder größerem Rahmen, Grillfeste, ausgedehnte Frühstückspartys, ein zünftiges Truthahnessen oder auch für Jäger und Angler. Veranstalter von kleineren oder größeren Outdoor-Events werden sicherlich nicht nur Freude an den Barbecue-Rezepten, insbesondere den Saucen haben, sondern auch die Eintöpfe für ihre Zwecke zu schätzen wissen.

Die Autorin bereiste seit 1991 mehrmals im Jahr den Südwesten der USA und sammelte auf diesen Reisen die meisten Rezepte. Sie beruhen auf mündlichen Überlieferungen, die auf den Ranches in den Familien und von den Köchen an ihre Nachfolger weiter gegeben wurden.

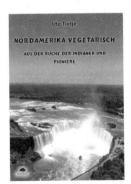

# Nordamerika vegetarisch – Ute Tietje

## Aus der Küche der Indianer und Pioniere

104 Seiten - viele s/w-Fotos - ISBN 978-3-98091-416-1

Buffalo Verlag, Verden 2008 - 11,90 €

Kulinarisch vielfältig und naturnah stellen sich die über 100 vegetarischen Gerichte der Indianer und Pioniere dar. Brot, Frühstück, Suppen, Hauptspeisen und süße Köstlichkeiten bis hin zum Kuchen geben einen guten Einblick in die traditionelle Küche Nordamerikas.

Die Ernährung der Indianer war wesentlich abwechslungsreicher, als man vermuten würde; selbst bei den nomadischen Jägerstämmen standen erstaunlich viele vegetarische Gerichte auf der Speisekarte. Die Einwanderer aus der Alten Welt mussten ihre Essgewohnheiten den harten Bedingungen des riesigen Kontinents anpassen, so dass öfter als ihnen lieb war, vegetarische Kost auf dem Plan stand. Eine wohlschmeckende Zubereitung war dann der einzige Luxus.

Die Autorin, auch eine begeisterte Natur- und Tierfotografin, bereist seit 1991 mehrmals im Jahr den Südwesten der USA und verbrachte einen großen Teil des Jahres 2007 in Kanada. Auf diesen Reisen sammelte sie ihre Rezepte bei Pow-Wows, Einladungen auf Ranches und anderen persönlichen Begegnungen mit den alten und neuen Einwohnern Nordamerikas.

Die Zubereitung der Mahlzeiten nach den schlichten Erklärungen von Hausfrauen und Köchen ist einfach und phantasievoll; was nicht da ist, wird notfalls durch etwas anderes ersetzt. Viele Gerichte können statt am heimischen Herd auch auf oder in einem Grill, im Dutch Oven oder zum Teil am Lagerfeuer zubereitet werden.

## Kanadische Küche – Ute Tietje
### Essen wie die Trapper, Indianer, Holzfäller und Farmer Ontarios

104 Seiten - viele s/w-Fotos - ISBN 978-3-98091-415-4

Buffalo Verlag, Verden 2008 - 11,90 €

Glitzerndes Wasser - Ontario - nannten die Irokesen das endlos weite, von vielen Seen durchzogene Land in der Mitte Kanadas. Eine Provinz so groß, dass im Norden der Eisbär zuhause ist und im Süden Wein und Erdnüsse angebaut werden.

Traditionsbewusst und stolz auf die geschichtliche Vergangenheit ihres Heimatlandes zeigen sich seine Einwohner, die großen Wert auf eine gute, gesunde und naturnahe Küche legen.

Die Autorin, auch eine begeisterte Natur- und Tierfotografin, verbrachte einen großen Teil des Jahres 2007 in Ontario. Die von ihr gesammelten Rezepte beruhen weitgehend auf mündlichen Überlieferungen, nach denen in früherer Zeit bei Indianern, Trappern, Holzfällern, Händlern und Farmern die Mahlzeiten zubereitet wurden. Bereichert durch die Einflüsse weiterer Einwanderer und modernerer Kochgelegenheiten hat sich die Zubereitung der Gerichte ein wenig geändert und sie sind vor allem nicht mehr so kalorienreich wie zu Pionierzeiten.

Ob als Gastgeber bei privaten Dinner- oder BBQ-Partys mit Freunden und Verwandten, bei Kochwettbewerben oder auch als Restaurantbesitzer – man ist stolz auf die ererbten Kochrezepte. Gesellige Zusammenkünfte oder auch nur die Bewirtung eines zufällig hereinschneienden Gastes haben auch heute noch einen großen Stellenwert in diesem unendlich großen Land. Viele Gerichte können statt in einer herkömmlichen Küche auch auf oder in verschiedenartigen Grills, im Dutch Oven oder teilweise am Lagerfeuer zubereitet werden.

## Andalusische Küche – Ute Tietje
### Iberische Köstlichkeiten mit maurischem Erbe

104 Seiten - viele s/w-Fotos –ISBN 978-3-98091-414-7

Buffalo Verlag, Verden 2006 - 11,90 €

Die mediterrane Küche des Südwestens der iberischen Halbinsel, beeinflusst von den Mauren, hat die andalusische Esskultur geprägt. Die Speisen in Andalusien sind – den warmen Temperaturen angemessen – zumeist leicht und gut bekömmlich. Zu den Grundelementen sind vor allem Oliven, Knoblauch, aromatische Würzkräuter (scharfer Würzpaprika, Kreuzkümmel, Safran, Koriander) und Sherry zu rechnen.

Gekühlte Suppen, über offenem Feuer gebratene Fleischspieße, mariniertes Fleisch, gegrillter Fisch, Eintöpfe aus Meeresfrüchten, rustikale Wildgerichte, aber auch Mandelkonfekt oder Quittenpaste stehen auf dem Speiseplan der Andalusier.

Der Einfluss des Orients ist in vielen Gerichten spürbar. Die Mauren kombinierten auf kreative Weise Fleisch und Fisch mit Früchten, Kräutern, Nüssen, aber auch scharfen Gewürzen. So gehören Beigaben von Mandeln, zerstoßenen Nüssen, Pistazien, Pinienkernen, Korinthen, Feigen, Melonen, Orangen und anderen Früchten, ja selbst Schokolade zu Fisch- und Fleischgerichten zu ihrem Erbe. Einige Bezeichnungen für Lebensmittel kommen noch aus dem Arabischen oder sind mit arabischen Wortteilen verknüpft wie z.B. alcachofa – Artischocke, almendra – Mandel oder azafrán - Safran.

Dieses Buch enthält eine Sammlung von weit über 100 Rezepten, nach denen in andalusischen Küchen Mahlzeiten zubereitet werden und die viele Spanienreisende als Gäste des Landes kennengelernt haben. Köstliche Tapas, Salate, Suppen, Fleisch-, Fisch- und Wildgerichte bis hin zu Desserts und Gebäck rufen die Erinnerungen an den letzten Urlaub zurück.

# Carmen in fünf Akten – Ute Tietje

## Ein Internetdate mit überraschenden Folgen

208 Seiten – gebunden – ISBN 978-3-98091-413-0

Buffalo Verlag, Verden 2006 – 13,90 €

Die 55-jährige Anne, eine gebildete, selbständige Frau, lernt als „Carmen" in einer Internet-Kontaktbörse den attraktiven Spanier Juan kennen. Der gut situierte, geschiedene 62-jährige gibt sich als offen und weltgewandt aus und bezaubert Anne während ihrer ersten Treffen in Deutschland. Danach stehen drei Wochen in seiner Heimat Andalusien auf dem Programm, wo Juan ein luxuriöses Anwesen besitzt.
Anne genießt seine Aufmerksamkeit und das herrliche andalusische Ambiente. Doch nach und nach entwickelt sich der einfühlsame Traummann in einen von sich viel zu überzeugten Macho, der trotz seines Alters, das sich als wesentlich höher als ursprünglich angegeben erweist, nur eines im Kopf hat: Sex.
Dann trifft in der letzten Woche zur Wahrung des guten Rufs der Familie auch noch die überraschend vorhandene Ehefrau ein, die die Beziehung zwischen Juan und Anne ausdrücklich befürwortet, um ihren eigenen Liebespfaden nachgehen zu können.
Hin und her gerissen zwischen konventioneller Einstellung, Faszination, Verliebtheit und Neugier, wie sich diese Dreiecksgeschichte weiter entwickelt, bleibt Anne und versucht, die Situation mit Humor und Stil zu meistern.
Reichlich genervt wieder in Deutschland muss sie feststellen, dass ihr spanischer Gentleman die Beziehung per Mail beendet hat, vorgebend, seine Ehe retten zu müssen. Als Anne ihren Latin Lover kurze Zeit später unter anderem Decknamen erneut im Internet auf Partnersuche findet, sinnt sie auf Rache .......

*Carmen meets Don Juan! Schwungvoll und erotisch, gewürzt mit einer gehörigen Portion schwarzem Humor, beschreibt Ute Tietje ein turbulentes Liebesabenteuer in den reifen Jahren.*

Rezensionen der Bücher finden Sie auf der Verlagsseite:

# www.buffalo-verlag.de

**Butterfly's Vision**
**Western Art Gallery**
Bilder - Spezialrahmungen - Kunsthandwerk

# Der Geschenke-Shop der Country und Westernszene

In der ersten Western Art Gallery Deutschlands finden Sie Bilder von bekannten Western Art Künstlern aus den USA, deren Originale teilweise in bekannten Museen ausgestellt sind.

Das kunsthandwerkliche Angebot der Galerie bietet viele Gegenstände mit Westernmotiven, indianischen Motiven, Bisons, Wölfen, Pferden und anderen Motiven. Dazu gehören Windlichter, Teelichter, Wandhaken, Visitenkartenhalter, Magnete, kleine Statuen, Glas und Keramik und vieles mehr.

Werke von Charles Russell, Frederic Remington, Orren Mixer, Tim Cox, Jody Bergsma, Larry Fanning, Milton Lewis, Oscar Berningham und viele anderer, sowie auch in Deutschland nicht so bekannter indianischer Künstler, sind als Print, mit Passepartout versehen oder auch als gerahmtes Bild vorrätig.

Pferde- und Wolfsliebhaber sowie die Freunde des amerikanischen Bisons haben eine reichhaltige Auswahl in den verschiedensten Bildgrößen. Bilder aus dem Leben und der Arbeit der Cowboys, der Geschichte des Landes und insbesondere Bilder aus dem Leben und der Mythologie der Indianer, aber auch die Darstellung landschaftlicher Schönheit und Last not Least Southwestern Art gehören zum Spektrum der Galerie. Selbst Geronimo und John Wayne sind vertreten.

Natürlich dürfen Werke von David Stoecklein, Bob Moorhouse, Christopher Marona und anderen bekannten Fotografen nicht fehlen, ebenso wenig wie entsprechende Kalender.

Nicht nur der private Liebhaber, auch Besitzer von Saloons, Reiterstuben oder Restaurants mit Westernflair sind begeistert, über die Vielfalt des Angebots.

Wir haben fast ständig 200 gerahmte Bilder und ca. 300 Motive in Größen von 13 x 18 bis 60 x 80 cm vorrätig, die auf Anfrage auch gerne vor Ort besichtigt werden können. Sollte ein Bild so wie ausgestellt nicht zu Ihrem Mobilar passen, rahmen wir selbstverständlich gerne auch jedes unserer Bilder in einem von Ihnen gewünschten Rahmen aus unserem Standardprogramm mit einem Passepartout in der von Ihnen bevorzugten Ausführung.

Wir haben keine festen Geschäftszeiten, da wir viel unterwegs sind und bitten daher um telefonische Terminabsprache, wenn Sie uns besuchen möchten, um nach einem speziellen Objekt zu suchen oder die Bilder in Natura sehen möchten.

Besuchen Sie auch unsere Homepage mit dem Online-Shop:

## www.butterflysvision.de